326.
R. 286.

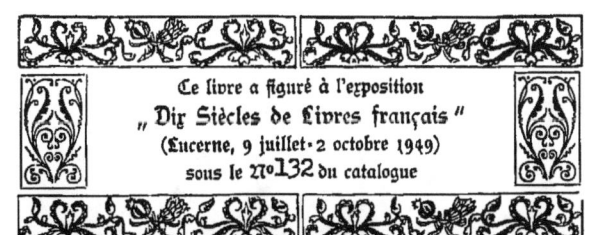

BIBLIOTHÈQUE
DE LA
CHANCELLERIE DE FRANCE.

VOYAGE
DV ROY A METZ,

L'occasion d'iceluy:

ENSEMBLE
Les signes de resiouyssance faits par ses Habitans, pour honorer l'entree de sa Majesté.

Par Abr. Fabert.

1610.

Epistre.

A MONSEIGNEVR,
MONSEIGNEVR LE DVC
D'ESPERNON, PAIR, ET COLONNEL DE France, Cheuallier des Ordres, Gouuerneur & Lieutenant general pour le Roy és Pays de Xainctonge, Angoulmois, Aunys, Ville & Gouuernement de la Rochelle, haut & bas Limosin, Boulongne & pays Boulonnois, Ville & Citadelle de Metz, & pays Messin.

MONSEIGNEVR,

C'est icy vn abbregé, la reduction au petit pied de ce grand œuure de nostre deliurance, & des signes de resiouyssance qui y furent faicts. La paix publique, & la tranquillité domesticque sont deux grands Artisans, qui peuuent en peu de temps raffermir en vn Estat l'Ordre que la desbauche & petulance d'aucuns se trouue y auoir esbranlé; nous le cognoissons par vne douce experience; & conferant le bien present à la rigueur du mal passé, nous donnons au Roy la cause de celuy là qui tire de nous des louanges immortelles, & attribuons à certains Esprits desreiglez le motif de cestuy-cy, ne pouuãt nous empescher de nous souuenir du blasme qu'ils en meritẽt. Ce qui se represẽte en ce liuret fut pour quelques heures l'obiect des yeux de plusieurs, sa Maiesté ne le desdaigna: mais comme ceste sorte de monument n'a sa durée que fort r'accourcie, tous ces signes ne pouuoient longuement seruir à nostre intention, qui est de porter à nostre posterité la souuenance d'vne faueur sy remarquable, dont sa Maiesté nous gratifia en son voyage. Qui tait vn bien-faict receu: affin qu'il s'oublie; ne le peut auoir merité, & se rend indigne d'en iamais receuoir, il s'ouure la porte au blasme d'vn chacũ, & se ferme celle du cueur des hõmes. Pour euiter ceste souillure, qui flestrit à iamais la personne ingratte, & faire que de mesme main soit dõné à nos Successeurs dequoy voir & entẽdre partie de ce qui s'est passé en vne action tant celebre, & ce

ã

EPISTRE.

qu'ils en deuront à la memoire du Roy le plus Auguste de la terre, Nous l'auons faict recueillir en ce Volume, esperant que nostre intention ne rencontrera pas moins sa fin qu'ont faict la leur toutes les particularitez qui y sont representées, notamment si vous receués de bon œil l'offre que nous vous en faisons, MONSEIGNEVR, nous ne l'esperons pas pour l'ajancemént du discours, ou pour la conduitte elabourée des traits que la Taille-douce vous y fera voir, nostre seul affection à vostre seruice le merite. A tout euenemént, y remarquant ce que vous mesmes auez contribué à l'œuure de nostre soulagemént, se poura faire que vous aurez le contêtemént que reçoit d'ordinaire la persône laquelle void le biê qu'elle a fait, recognu par la gloire qui luy en est dônée, qui seule est le loyer de vertu, & de toute actiõ genereuse, soit que ce soit, pouuõs nous moins nous promettre en cecy qu'un peu d'indulgence de celuy qui tousiours a compaty à noz douleurs, les a diminué selon les occasions, entre lesquelles il a pris plaisir d'en choisir pour nous faire du biê, & n'a iamais desdaigné d'interceder pour nous enuers sa Maiesté, lors que le besoin y a esté. Ce sont de fortes induêtiõs faites à ce Peuple de vous aymer, ce Peuple que vous auez tousiours iugé digne des bonnes graces du Roy, & pour l'incõparable affection qu'il a au seruice de sa Maiesté, & pour sa grande docilité en toutes choses: mais bien plus à cause de la fidelité dont il a tousiours releué ses plus louables comportemens. C'est ainsi que vous prenez plaisir de voir en autruy ce que vous cultiuez en vous mesmes: C'est ceste fidelité, MONSEIGNEVR, qui nous a serui de bouclier impenetrable contre le fer aceré de la calomnie. N'estoit ce pas un desuoyement sans remede de tous les ressorts d'humanité? ou plustost un furieux transport d'esprit en ceux qui ont supposé des artifices pour faire croire que nous l'auions laschement abandonné? voire traistreusemêt expulsee d'entre nous? Elle que noz Ancestres auoient si cheremêt recueillie & conseruee, qu'ils nous ont si estroittement recommandee, sans laquelle ny eux n'auroient eu, ny nous n'auriõs point en nostre possession le tresor des Peuples le plus estimé, le plus desiré, la beneuolence & faueur des Superieurs, & les fruicts qui s'en recueillent, qui sont les franchises, priuileges, & libertez dont nous iouissons. Ces biens ne sont nostres par hazard, la force ne nous les a conquis, aussy peu l'achapt supposé fait à Godefroy de Buillon. Les merites de nos Peres, leurs grands debuoirs rendus à la Couronne nous les a mesnagez. Nostre Ville, MONSEIGNEVR, estoit chef de Royaume, les Roys y estoient inaugurez, & y receuoient les marques Royales, iusques à ce que la varieté des partages de la Couronne d'Austrasie, & les partialitez des heritiers portans & transportans diuersement l'auctorité tantost à cestuy-cy, tantost à celuy là, l'abandonnerent finalement à Othon le grand, filz de Henry de Saxe Empereur, & soubs cestuy Othon, indulgent à nos Maieurs, leur fut concedée ceste liberté qui nous est encores cõtinuée soubs la debonnaire & tres-heureuse protection du ROY regnant. La reuolution des temps, & ses accidents, l'ayant quelquefois esbranlée, mais non iamais renuersee: Dieu fauorise ainsi l'ntegrité, & tandis que sans degenerer nous cõseruerons entiere ceste belle vertu, comme nous auons fait iusques à present, nous sommes asseurez que le soleil de sa bonté reluira sur nous.

EPISTRE.

Or d'autant que plusieurs ignorent qui nous sommes, quelle est la Ville de Metz, & son petit pays, pour lesquels le Roy ait voulu prendre tant de peine en la saison de l'annee la plus rigoureuse, affin de leur en donner quelque cognoissance, nous auons pensé qu'il ne seroit que bien à propos d'en dire briefuement quelque chose, & ioindre à ce liuret le portraict de la Ville, & la Carte topographique de son territoire, l'vn & l'autre representez auec tant de soing qu'il seroit superflu d'en faire autre description, Contans d'effleurer seulement en passant ce que ce lieu peut en receuoir. Le nombre des Citoyens y est grand, lesquels, encores que par la forme de seruir Dieu ils soient tellemēt diuisez qu'il est difficile de resouldre, si pour l'esgard de la multitude l'vne des parties à quelque aduantage sur l'autre, si est-ce qu'ils demeurent tres-estroittement vnis & conioincts du lien de beneuolence & d'amitié, par lesquels ils s'entraident les vns les autres auec autant de passion que l'humaine societé peut desirer, ayant de long temps remis à Dieu le fait de leur creāce, pure action de l'Esprit, sur lequel la seule Toutepuissance a plain pouuoir. Et cela est d'autāt plus admirable que les Ecclesiastiques y sont en fort grād nombre: Car outre l'Eglise Cathedrale, dōt le Chapitre est puissant & copieux, on y void encores les Collegiates de saint Sauueur, & saint Thiebauld, Les Monasteres des Celestins, des Chartreux, des Minimes, des Capucins, des Recollects, des Augustins, des Carmes, des Mathurins, & sept grandes Abbayes de l'Ordre de saint Benoist, dont les quatre d'hommes sont saint Vincent, saint Arnould, saint Symphorien, & saint Clement: Les trois autres sont de Dames, sainte Glossinde, saint Pierre, & sainte Marie, Les Monasteres des Dames des Cleruaulx, des Prescheresses, des Soeurs de l'Aue-Maria, de sainte Claire, & de celles de la Magdeleine. Ce nombre est accreu des Curez des Paroisses, & de plusieurs autres beneficiés, & ne se peut dire que toutes ces pérsones ne demeurent aussi roides & fermes en leur profession, & ne facent leur deuoir auec autāt de deuotion qu'en lieu du monde, voire se monstrent d'autant plus feruents que ceux qui sont d'autre religion ont de zele & de resolution en la leur. Vous le sçauez, MONSEIGNEVR, qui auez beaucoup approuué c'est accord és choses politiques. Plusieurs aussi en ont pris argument de croire que comme la diuersité de tons fait vne harmonie qui flatte l'oreille, pourueu que les reigles de musique y soient obseruées, ainsi en la police & conuersation ciuile il n'est pas inconuenient que la diuersité de disposition és esprits ne face rencontre de ie ne sçay quels accords qui serōt aggreables, moyennant que le fondement de pieté y demeure, qui est la crainte de Dieu. Et c'est le seul point auquel visent & tendent les parties, & qui leur suggere vne ordinaire emulation de se surpasser l'vn l'autre en actions vertueuses, qu'elles estiment ne pouuoir releuer qu'en les couronnant de fidelité, premierement à l'endroict de leurs Superieurs, & puis enuers tout le monde: C'est pourquoy nous le repetons volontiers, desirant que chacun l'entende: Noz Ancestres n'y ont iamais gauchy, & ne se trouue histoire n'y du temps des Romains, n'y depuis, qui ne l'adouoë. Plusieurs mesmes les ont proposez en exemple: Leurs affaires plus importans, leurs traictez ordinaires, leurs promesses d'obseruation se sceelloient par la seule parole, laquelle auec le mutuel attou-

EPISTRE.

chement de mains les asseuroit assez. L'escripture, qui maintenant sert pour conuaincre de mauuaise foy ceux qui voudroient ou nier, ou varier leur stipulation, ne leur estoit que pour ayde à leur memoire, l'employant par ce moyen à son droit vsage. Es Archiues ou se conseruent ces memoriaux, dont le nombre est sans nombre, tous les Contracts de Vente & d'Achapt sont conceu en ce peu de parolles, Que Pierre a acquesté de Iean telle chose, dont il a fait bon payement : Et Iean luy en promet la guarandie. En ce peu de language estoit comprise toute leur intention, & la Iustice n'estoit iamais empeschée pour en esplucher les difficultez. Es mariages des ieunes Gens nulle escripture, ces longs Traictez, dont le nom mesme estoit incognu, ne suscitoient és alliances des haines & disputtes qui souuent les deslient de leur confederation, il seroit à desirer que la corruption, excrement du temps, espandue par tout, n'eust changé ceste belle forme. Voila deux mots de preuue sur la candeur & franchise de cœur de noz Maieurs.

 Pour la Ville, son portraict adiousté à ce Discours, fera voir aux curieux quelle elle est de present, diminuée de beaucoup de ce qu'elle estoit iadis : mais telle qu'elle a esté iugée deuoir estre pour nostre conseruation; les Retranchements qui en ont esté faicts & dedans & dehors, pour leuer tout allechement & prouocation aus entreprises, & surprises, & pour la preparer contre les inuentions de force, ne luy ont rien osté de toutes les parties qui sont requises à la beauté d'vne Ville, son assiette, choisie à plaisir, luy demeure, la grandeur de son enceint, ses belles Riuieres trauersées de tant de beaux Ponts, ses belles & grandes Places, son Champassaille tout enuironné d'Arcades, capable de tenir dix mille hommes en bataille, ses grands & superbes edifices religieux & prophanes, sur tous lesquels encherit celuy de la Cathedrale, les belles & aggreables aduenues qui se rencontrent en ses sorties, d'vn costé les Collines, de l'autre la Plaine, & de tous la fertilité du terroir, puis tant d'autres marques espandues par toutes ses parties suffisent pour confirmer l'assertion qu'elle est encores à present vne des plus belle Ville de l'Europe.

 Quant à ce qu'elle a esté iadis, bien que ce ne soit icy proprement le lieu de le recueillir, si ne sera-il du tout impertinént d'en dire quelque chose en passant : mais seulement depuis qu'elle fut alliée aux Romains; Ceux qui ont voulu passer au delà ont trouué le chemin raboteus, & tranché de tant de baricaues que la suitte des temps y a creusé, qu'ils ont esté contraincts de rebrousser des le milieu. Et quoy que plusieurs ayent allongé le bras pour descouurir quelle a esté sa premiere fondation, ils ont rencontré tant de moysissure en son antiquité, qu'ils n'en ont tiré aucune solide congnoissance. Ceus qui en ont escrit l'ont fait par maniere d'acquit, & sans fondement; mais trompant le temps ils ont laissé dequoy se tromper en les lisant. Aussi pour ne rien mesler de fabuleus en vn recit veritable, nous obmettons volontiers ce qu'ils en disent pour produire ce que nous en auons appris de bons Autheurs. Iules Cæsar entreprenant les Gaules en l'an de Rome 694. trouua en la pluspart des Villes d'icelle certaines factions qui mouuoient les Grands, au moins ceus qui selon l'opinion de leurs partisans y deuoient

auoir

EPISTRE.

auoir le plus d'auctorité; ils se faisoient valoir, se rendant protecteur du Peuple, & ne souffrant pas ayséement que les plus Puissants outrageassent les foibles. Ces Villes neantmoins administroient leur Republicque selon leurs loix, & soubs la direction de leurs Magistrats. De celles là estoit la nostre, laquelle pour preuenir que ces Grands ne se preualussent des forces des Romains à la diminution de la liberté publicque, fut des premieres qui s'allierent à ceste puissante Nation, soubs le tiltre de MVNICIPE, c'est à dire, dont les Citoyens auoient part aux dignitez de Rome, sans toutes-fois changer leur ancienne façon de viure, ny mesme la forme de gouuerner leur Estat, & lors luy fut donné le nom de DIVODVNVM, & à ses Citoyens celuy de MEDIOMATRICES. De ces noms le premier s'est esuanoüy auec le temps, l'autre est en estre, trans-feré du Peuple à la Ville; mais tellement abbreuié qu'il ne luy est demeuré que le premier, second, huictiesme, & dernier elemént, & ce dernier changé encores en Z. lesquels recueillis d'ordre font ce mot de METZ, qui par les François Orientaus, autheur de ceste abbreuiation se prononce METCES, ceste elision de lettre, voire de sillabes entieres ne s'est pratiquée par eux en ce seul subiect, ils en ont vsé à l'esgard d'vne infinité d'autres Villes. Le nom D'AVGVSTODVNVM, Ville celebre, a esté par eus racourcy en celuy d'AVTVN. Celuy d'AQVISGRANVM, à celuy d'AIX; ainsi encores de plusieurs autres. La vicissitude laquelle agit par alteration en toutes choses pouuoit bien toucher sans scrupule, au nom de nostre Ville, puis qu'elle n'en a espargné les plus sumptueux edifices, non pas mesmes quelque fois les Habitants, qui estoient en ce temps là fort numereux: Ce qui se verifie par vn des mieux affidé Historiens de ce temps là. Corn. Tacite, liure XVII. des Ann. Chap. XII. Ils passerent (dict-il, parlant des Capitaines & Soldats de l'armee de Vitellius) par le pays de Treues, comme estant de leur alliance, arriuez à *Diuodunum*, qui est vne Ville du pays Messin, jaçoit qu'ils eussent esté receu en toute courtoisie, vne soudaine frayeur les saisit, & ayant pris les armes ils alloiët saccager ceste Ville innocéte s'ils n'eussët esté appaisez par les prieres de leur Chef, qui diuertit la destructiō totale, & neátmoins il y eut 4000. hommes tuez. Si de present vn nōbre semblable d'Habitants se trouuoit à dire, le residu seroit fort affoibli, marque certaine que la multitude en estoit lors beaucoup plus grande. Pour atroce que fut l'iniure, il n'y en eut point de ressentiment du costé des excedez, & n'en obseruerent pas moins les conditions de l'alliance, pour ce que le Chef de l'Empire n'eut point de part au desbordement des Soldats. Quoy que c'en soit les Messins de ce temps là n'en furent ny plus ny moins obseruateurs de leur foy à l'endroit des Romains; ils y demeurerent attachez si long temps que la disposition des affaires estrangeres les laissa sans contrainte. Il appert de cecy en la continuation du recit de l'Historien, lequel dit que dix ans apres ce desordre commis soubz Vitellius, les Legions se retirerent à Metz, canton de l'alliance des Romains, c'estoit du regne de Vespasien, l'an de

EPISTRE.

falut 80. A peine euſſent les Meſſins ſi toſt apres l'alliance iurée fait breſche à la fidelité promiſe aux Romains, veu qu'encores plus de quatre cens ans au deça il eſt recognu qu'elle eſtoit toute entiere pure & ſans taſche: Elle demeura ferme, ſuruiuant à la fortune des Romains és Gaules: L'aneantiſſement entier d'une des parties deſlia de fait l'autre de ſes promeſſes. Les Peuples de la Frãce Orientale agitez d'ambition, preſſéz de neceſſité, & ſollicités par les induɕtiõs de Lucius Patrice de la ville de Treues, hõme de grande auɕtorité, paſſent le Rin, attaquent les Romains, les entament, les diminuent, les deffont à plate couſture: En leur perte eſt vangé Lucius, la femme duquel auoit eſté corrompue par le Cõmiſſaire que ceſte nation entretenoit à Treues. Les victorieux vſent de leur bon heur, ſ'auancent, forcent les Villes, enuahiſſent les Pays, rien ne leur reſiſte. Lucius les introduit à Treues, & peu apres les Meſſins les reçoiuent enuiron l'an de ſalut 476. Ainſi de Romains qu'ils eſtoient par alliance, ils ſe donnent aux François, les reçoiuent en leur Ville, & ſe reſeruãt l'vſage libre de leur forme de Iuſtice, & de police, ſubiſſent au demeurant en toutes autres choſes à l'auɕtorité des François, obeiſſent aux Gouuerneurs qui leur ſont donnez, tantoſt ſoubz le tiltre de Duc, tantoſt ſoubz celuy de Comte, & ſont gloire de voir leur ville Capitale d'vn grand Royaume. Ceſte cõdition leur dura ſans notable chãgemẽt iuſques à ce que les ſucceſſeurs de leurs premiers Roys, pour quelque conſideration quiterent l'auɕtorité qu'ils auoient ſur eux, & la reſignerent purement ez mains des Citoyens, comme nous auons ia dit cy deuant. Pour la Ville qu'ilz habitoient, il n'y a doutte qu'elle ne fut beaucoup plus grande & plus ſuperbe en ſes baſtimẽs que celle de maintenãt: Et ſi nous nous rapportons à ce que les veſtiges anciens nous en remarquent, nous croirons qu'elle auoit plus d'vne lieue de longueur, & peu moins de largeur. Vous auez veu, MONSEIGNEVR, ce que le temps a eſpargné des anciens Edifices, notammẽt dans l'enceint de la maiſon Epiſcopale, ou ſe voyent des murs antiques qui ſont encores debout, beaucoup plus exaltez que les logis faits de neuf, vous auez admiré en ce qui en eſt demeuré entier, les liaiſons de briques, dont la grandeur ny la cuitte ne ſont plus imités, l'ordre des carreaux qui en reueſtent la face tous de meſme eſchantillon, la bonté des materiaux qui ne peut eſtre vaincue par les ans, & tout ce que l'œil y peut recognoiſtre de la premiere architecture, laquelle n'eſt pas moins remarquable en pluſieurs autres endroiɕtz de la Ville ou ſe voient encores ſemblables reliques, comme ez Abbayes de ſainɕte Gloſſinde, ſainɕte Marie, à la Trinité, en la maiſon ou ſe tient le ſiege Preſidial, & ailleurs, toutes les parties deſquelles ne peuuent qu'elle ne ſoient l'œuure d'vn Peuple bien puiſſant. A deux petites lieuës de la Ville montant d'icelle du coſté du Midy vers le Pont-a-Mouſſon ſe void ce grand Mole de baſtimẽt, compoſé d'vne longue ſuitte d'arcades hautes & ſuperbes, qu'vne main artiſte à ſi bien cimenté qu'elles ont en quelques ſorte reſiſté iuſques à preſent à l'iniure du tẽps, & ſont encore en l'eſtat que repreſente le portraiɕt cy ioint, ſoubz le nom d'Arches de Iouy. Et ſi le courant du fleuue de Moſelle, & l'effort des glaces n'euſſent preualu ſur l'aage, les deux extremitez que le canal ſepare, & qui ſont ſur pied à l'vn & l'autre de ſes bords, ſ'entretiendroient encores par l'exiſtence du milieu. C'eſtoient Aqueducts

plus

ambitieux qu'vtils, qui seruoient à conduire ou nous dirons tantost les eaües claires & delicieuses que les sources qui eschappent en tres-grande abondance dans le Bourg de Gorze, à trois lieues de la Ville, fournissoient largement, & toutes lesquelles recueillies en vn Receptacle auoient leurs cours par conduits soubs terre iusques au plus haut des Aqueducts. Ces Canaux, ou conduicts enfoüis, estoient de belles voultes faites toutes de petits carreaux de piere de mesme forme, enduits de Ciment dont la force resiste encores à present à la pointe acerée du marteau, & de telle capacité qu'vn homme pour peu qu'il se courbe y peut facilement passer. La quantité de ces eaües estoit accreuë par celles que la belle fontaine d'Euzraille y cōtribuoit, & toutes ensemble se venoient rēdre au lieu ou se void ceste ruine que l'on dit la Fosse-au-serpēt, à mille pas au plus des murailles de la Ville; C'estoit le lieu des Thermes ou Bains publiques, dont la somptuosité verifie les remarques de Seneque, à l'esgard de semblables bastimēs, Epist. 87. Plus de deux cent Colomnes de marbre serpentin embellissoient ce lieu cy, sans en tirer autre commodité, il nous en reste encores plus de cinquante, aucunes entieres, partie en pieces, esparses en plusieurs endroicts de la Ville; Le Portal de l'Euesché, & la Porte du Pont des Morts qui donne entrée à la Ville du costé de la France, en ont leur principal ornement. Tous ces grands Carreaus espandus çà & là, & qui seruent presentement parmy nous à diuers vsages, de Marbre, de Iaspe, & piere Ophite, & autres, sont les reliques admirables & de ces Bains, & des Palais qui estoient à l'entour. Dans la Citadelle se retrouuent quelques Chapiteaux d'œuure Corinthe, qui sont demeurez entiers, comme si la derniere main de l'ouurier en estoit tout recentement retirée: Mais sur tout est considerable l'vne des cuues de ces Bains, laquelle sert à present de Baptistere en l'Eglise Cathedrale, elle est de Porphire, & du plus beau, de figure ouale, ample à merueille, c'est vn des Baignoirs qui s'appelloit autrement Occean: les autres ont esté transportez comme plusieures de noz Colomnes, ou sont perdues par le temps. Au dessoubs de ces Thermes estoit la NAVMACHIE, mediocremēnt creusée, & de competante grandeur, & dont les parois estoient de pierre de taille; on le remplissoit de l'eau des Aqueducts; lors qu'il y auoit quelque Combat naual, ou autres ieux à representer: Elle a encores assez d'entier pour monstrer quelle elle estoit. Nous eussions bien desiré pouuoir faire voir en taille-douce le portraict de ces Bains, & de leurs ornemēs, comme nous auons fait celuy des Aqueducts; mais pour diligence & recherche que nous y ayons apportée, il ne nous a succedé; nous n'en pouuons iurer qu'en la foy d'autruy. Quelques memoires & traicts de plume trouuez en l'estude d'vn de noz Concitoyens, nous represente l'estendue comprise entre deux riuieres de Mozelle & de Seille, depuis le pont aux Arenes (que le vulgaire appelle le pont aux Arestes) iusques au village de Marly, & de là tirant vers le Pont de Moulin toute herissée de grāds & superbes Edifices, de Temple, de Palais, & autres, entre lesquels est celuy des Arenes, ou de l'Amphiteatre, vn petit au dessus des bains. De ce qui en est mōstré, il n'y a petit rapport au portraict de celuy de la Ville de Nismes, que nous auōs veu au liure du recueil des Antiquitez d'icelle. Les ruines de ces grandes masses ont donné dequoy fonder la plus part des murailles de la Ville, vous le

EPISTRE.

sçauez, MONSEIGNEVR, qui en quelques endroicts auez veu à descouuert ce lourd entassemént d'vne incroyable quantité de carreaux de pierre, dont la grosseur enorme s'entretient de son propre poids, sans liaison d'aucun cimént, qui feroit les iuger Rochers naturels, plustost que fondemens posez de la main de l'homme, l'oeil s'y tromperoit s'il n'y remarquoit les reliefs de personnages, & l'espargne des ornemens ordinaires en l'architecture, Frises, Cornices, Architraues, & Pilastres, notammēt les inscriptions qui plus qu'autres pieces font congnoistre l'vsage auquel elles ont seruy. Ce sont toutes marques de la puissance des anciens Messins, nos Maieurs, & de la grandeur & magnificence de la Ville qu'ils habitoient : Pour ce qui est du Pays, la Carte qui en est nouuellement faicte pour mettre en ce liure en sera le miroyr.

Voyla briefuement la description de la Ville, du Pays, & de ceux pour lesquels le Roy à pris tant de peine & soing, en faueur & pour la deliurance de qui sa Maiesté s'est seruy de vostre prudence, MONSEIGNEVR. Voila quel est le Peuple, sa demeure, & son Territoire, qui font de voz Gouuernements celuy qui touche du front à l'Allemaigne, du bras droict à la Lorraine, & du senestre au Pays de Luxembourg. Dieu par sa misericorde vueille continuer ses grandes faueurs sur le Roy, & sur toute sa Royale posterité, & diuertisse qu'aucun accident nous rauisse iamais de leur protection, & nous face la grace de vous voir longuement, en affluence de tout bon heur, representer sa Maiesté en ce Pays, & gouuerner comme vous auez faict iusques a present.

MONSEIGNEVR,

Voz tres-humbles, & tres-affectionnez seruiteurs, les Maistre-Escheuin, Conseil, & Treizes de la Ville & Cité de Metz, Pour les trois Estats d'icelle, & du Pays.

VOYAGE DV ROY
A METZ,
L'OCCASION D'ICELVY:
ENSEMBLE
Les signes de resiouïssance qui y furent faicts par les Habitans, pour honorer l'entrée de sa Majesté.

TOVTES les actions des Roys, quand elles ont pour fin le bien de leurs Peuples, pour petites qu'elles soient, doiuent estre inscriptes au registre de memoire, non seulement à ce que la gloire d'auoir bien fait (vnique loyer de vertu) leur en soit perpetuée, mais encores afin qu'elles seruent d'exemple à to⁹ ceus que Dieu fauorise de Sceptres & de Courónes. Ceste cósideration seule a serui d'induction à recueillir la cause & le progrez du voyage que Henry quatriesme du nom, Roy tres-debonnaire de France & de Nauarre, donna aux Habitás de la ville de Metz au mois de Mars de l'année mil six cens & trois: Pource que sa Maiesté l'ayant entrepris en saison la plus rigoureuse de l'année, elle fit cognoistre à tout le monde qu'elle est touchée d'vn soin charitable de ceux qui ployét soubs son autorité, passion iuste, laquelle ne peut exercer que l'ame d'vn bó Prince, chatouillé de ceste vertu, qui luy mesnage les affections beaucoup mieux que toutes autres qualifiées de force & de victoire, lesquelles contraignét, & ne persuadent point: Mais afin que l'occasió de ce voyage soit viuemét representé, & la bonté du Roy recogneuë en ses œuures, il est necessaire de reprédre les choses de plus loin.

Il ne fut de long temps faict tant de bruit pour entreprise sur place comme il en a esté oy pour celle que l'on a dict auoir esté de l'Archiduc Albert sur les Ville & Citadelle de Metz, és années 99. 600. & 601. La cause en peut estre rapportée à la necessité de la verifier, à laquelle furent reduits les Sieurs de Sobole, deux freres, dont l'aisné estoit lors Lieutenant general pour le Roy en laditte ville de Metz, & pays Messin, l'autre y estoit Capitaine d'vne cōpagnie de gens de pied y tenant garnison, & tous deux montez à ces dignitez par les eschellons de la faueur du Duc d'Espernon, Gouuerneur desdictes Ville, Citadelle, & pays. Ces deux ayant donné au Roy l'aduis de ceste entreprise, & leur estant commandé l'auerer, pour ne manquer à eux mesmes, emplirent le ciel & la terre d'assertions, de sermens, & d'execrations, sur la verité d'iceluy, se seruant pour meilleure piece en ce subjet, de ceste hardie accusation, contre bon nombre d'habitans de la ville, tant Officiers du Roy, qu'autres, chargés d'auoir cōtribué à ladite entreprise, & d'en auoir traité auec l'Archiduc. De là l'arrest de leurs personnes, leur emprisonnement en la Citadelle, les procedures contre eux par informations, interrogatoires, recolements, & cōfrontations, & tant d'autres inuentions extraordinaires & prodigieuses, pour, s'il eust esté possible, conuaincre les accusez des crimes à eux imposez.

Il est bien vray que la cause de ce bruit peut estre aussi attribuée aux plaintes iustes & frequentes, non tant des accusez, empeschez d'ailleurs à se parer contre les coups violentz de leur persecution, que de tout le peuple Messin, affligé voirement du mal de ses bons cōcitoyens, mais viuement piqué de voir la reputatiō de sa fidelité attaquée par l'orde imposture des calomniateurs: chacun des habitans, en son esgard, iugeant n'auoir euité la prison que d'autant que l'accusateur ne l'auoit estimé, pour encores, pouuoir seruir à son dessein: mesmes que les accusez auoient plustost receu la playe par rencontre, que pour leur pires actions. Ainsi plusieurs discours venant à se former sur ce subjet, les gazettes en porterent les nouuelles par tout, tousiours, ou pour le mieux, fauorables aux accusés, & en general au peuple Messin.

La procedure fut longue & dangereuse pour les prisonniers. Et le Cōmissaire, & son Assesseur, n'ayant ny sceu ny peut estre voulu la demesler, de quelle part qu'elle fut embarassée: Le Roy enuoya le President Ianin, choisi fort à propos en ce subiet, pour la solidité
de

de son iugement; son arriuee y restablit quelque forme & lors qu'il y eut consideré toutes choses, & icelles balancees au poid non de vray-semblance, mais de la mesme verité: qu'il eut proportionné l'accusation & son origine aux personnes, meurs, humeurs, conditions, aages, estatz & qualitez des accusez, fondé le faict iusques au vif, & que de tout il se fut rendu capable, sans en faire iugemẽt qui peut offencer personne, despeche au Roy, luy fait sa relation, & luy donne son aduis par escrit, en suitte duquel sa Majesté commande que tous les prisonniers luy soyent enuoyez. Les prisons de la Citadelle se vuident, & les accusez s'acheminent à Paris, où du Conseil priué ils sont r'enuoyez à la Cour de Parlement, à qui le Roy attribue la cognoissance de tout le faict.

Cinq mois s'escoulent, voire treize entiers, pour aucuns d'entre eux: En fin interuiẽt arrest des trois chambres assemblees, la Grande, la Tournelle, & de l'Edit, par lesquels les accusés sont iugez innocents, & r'enuoyez absous. Le Roy leur donne declaration de leur integrité, probité, & grande fidelité à son seruice: sa Majesté les recognoit tres-dignes de sa faueur, leurs honneurs ainsi releuez, ils sont r'enuoyés à Metz, & r'entrét en l'exercice de leurs charges.

Combien qu'en l'interual du temps compris entre l'accusation, & la iustification, le sieur de Sobole l'aisné, dit, & fit plusieurs choses, pour persuader au Peuple qu'il auoit regret en ce qui se passoit; mesmes qu'il eut asseuré sa Maiesté que les premiers des accusez luy auoyent rendu de grands & notables seruices, & que tous les autres habitans enueloppez en l'accusation auoient tousiours esté tenuz pour gens de bien: Les actions neantmoins & desportementz de son frere, les poursuittes plaines d'ardeur & d'opiniastreté qu'il fit à Paris contre les accusez, la peine qu'il y prit pour persuader leur coulpe à tout le monde: la demande de leur confiscations, les mauuais & rigoureux offices de ses domestiques, voire de son homme de chambre à l'endroit des prisonniers, auec vne infinité de traits bien plus importans, & lesquels le respect deu au Roy commande de taire: Tout cela, dis-ie, recueilly en la souuenance des Citoyens, enleua du tout ce qui y restoit d'affection, & de bonne inclination enuers l'aisné, ne pouuant estre persuadez que le ieune qui ne respiroit que par luy, eut iamais osé entreprendre contre l'honneur d'vn si grand Peuple, & de toute vne Ville si fameuse pour la ruyner, sans le consentement de son aisné, selon les volontez duquel il manioit toutes les siennes. Deslors aussi non seulement ils panchêt du costé de la hayne, mais s'y laissent du tout aller : & depuis les trois Ordres se r'alliant, reiettent la memoire de tout ce que l'aisné pouuoit auoir fait de bien au commun, pour-ce, disent-ils, que la fin en estoit mauuaise, au contraire ils se represen-tent toutes ses eschappees, perçent iusques au dedans de ses inten-tions, lesquelles ils interpretent auoir tousiours esté tournees à leur mal : Pour verification produisent entre eux le recit de toutes ses actions depuis qu'il leur commande, & n'en oublient vne seule de celles ou ils iugét y auoir eu de l'aigreur & de l'iniustice, & en trou-uent, à leur conte, vn nombre infiny. Et comme l'amitié nous faict flater les deffauts de ceux que nous aymons, ainsi sa contraire aiant gaigné les cœurs de tous les habitans, leur figure vicieux, voire in-supportable en l'vn & l'autre des freres qu'ils hayssent, ce qu'autres y eussent peu excuser, mesmes les fit entrer en l'examé de leurs vies, & recueilli vn registre de ce qui se r'apportoit à leur intention, & se resouuenant de tout ce que, selō leur iugement, les freres auoiēt fait hors de raison, ils en font depuis vn amas duquel ils se seruent pour iustifier la poursuitte que ils entament, & continuent pour estre deschargez de leur domination.

Ceste poursuitte est comise à leurs Deputez bien instruits qu'ils depeschent en Cour, ou ils eurent ceste heureuse rencontre qu'ils trouuerent prés du Roy le Duc d'Espernon leur Gouuerneur en Chef, à qui par raison estoit deuë la premiere addresse, ils luy des-ployent la cause de leur voyage, & il la porte au Roy, qui les remet au Conseil. Leurs plainctes oyes, & d'icelles coniecture prise qu'il y auroit de la peine à rechauffer à l'endroit des sieurs de Sobole l'af-fection amortie des habitans, il fut iugé necessaire de leur enuoyer quelque persōnage qui eut à main l'auctorité & la prudéce, & qui porté sur les lieux, peut remettre les affaires par ceste derniere, & ou elle ne prouffiteroit seule, y employer la premiere. Le Roy fit choix du Duc d'Espernon, lequel outre ces deux qualitez, estoit presumé auoir toute cognoissance du naturel des habitans, & plus de pouuoir sur les deux freres que nul autre, pour les auoir esleuez,

proueus

proueus & establis ou ils estoient: Il se conforme à la volonté de sa Majesté, & se rend à Metz le troisiesme iour du mois de Septembre Mil six cens & deux, ou peu apres arriua le sieur de Boisise qu'il auoit desiré pour conseil auec le sieur President Viart.

Pendant le seiour qu'il y fit, il trauailla incessamment à reconcilier les volontez, & à reioindre les Habitans auec les deux Freres: Mais y ayant trouué plus de difficulté qu'on ne s'estoit persuadé, il crea vne nouuelle Iustice, & institua maistre Escheuin Nicolas Maguin, recommandé pour ses merites, & la faueur que les trois Ordres luy portoient à cause de ses precedens seruices, & la creance qu'ils eurent que sans apprehension il entreprendroit ce qu'eux tous luy feroient cognoistre estre du bien publique, en quoy ils ne furent deceus: car auec grande resolution il presenta auec eux les Cahiers de plainte, tant contre les deux Freres, que côtre quatorze ou quinze mauuais hommes que les trois Ordres tenoient pour instrumens de tout ce qui s'estoit faict de mal depuis quelque têps, mesmement és actions qui rendoient la Ville diffamee, & desdaignee des Voisins, pour vne infinité de sales pratiques, & pernicieuses executions.

Ces Cahiers furent doncques presentez, leuz, & communiquez au Sieur de Sobole l'aisné. Et combien que son naturel soit fort plôbé, si n'eut-il assez de poids pour moderer les premiers mouuemés, & ne luy fut possible de dissimuler le desplaisir qu'il en receut, se tenant tref-griefuement offencé pour ceste hardie declaration. Ce coup aussi commença de rompre la paille entre luy & les Habitans, & fut vn grand ostacle à la reconciliation à laquelle iusques alors on auoit trauaillé. Il mit peine pourtát de se iustifier de parolles, peu estóné des charges, mais estrangement indigné contre ceux qui les auoient osé produire, sur tout pour y auoir veu qu'ils concluoient à separation, & d'estre par ce moyen affranchis du trop de pouuoir qu'il auoit sur eux, & que les raisons alleguées par le Duc d'Espernon n'auoient eu assez de force pour les diuertir de ceste resolution.

Cependant que les affaires estoient en ceste mauuaise intelligence, le Duc d'Espernon appellé par le Roy fit vn voyage en Court, ce qui estonna fort les Habitans, & durant son absence le sieur de

Boisise eut beaucoup de peine de r'asseurer leurs esprits agitez & perplex: il les exhorta toutes-fois de se comporter modestement enuers le sieur de Sobole, & luy rendre le respect du passé & qu'ils sçauoient bien estre deu à sa charge, puis que le Duc d'Espernon luy auoit remis en main le Gouuernement, nonobstant quoy sa Majesté n'intermettroit de pouruoir à leurs plaintes & bien tost.

Tant y a que durant ce voyage le sieur de Sobole recogneut facilement la diminution du soin que le peuple auoit eu de luy complaire, & qu'il auoit beaucoup secoüé de ceste crainte seruile qu'il auoit tousiours recogneu en luy. Chacun peut croire que ce changement luy fut insupportable, pour ce que depuis l'heure que le commandement sur le peuple luy fut mis en main il n'auoit rencontré dequoy presumer en luy tant de resolution. Sa forme de viure, peu conuenable, imposoit aux plus libres vne loy de faire & dire toutes choses auec respect; mais lors l'asseurance d'vn futur soulagement ayant vn petit esleué le courage des Habitans, il en estima sa dignité r'abbaissee, dont il se plaignit au Sieur de Boisise, auquel il ne faignoit de dire qu'il s'en resentiroit, ayant dequoy à son costé pour se faire obeyr. L'aduis qui en fut donné à sa Majesté, & de l'apparence que les affaires alloient s'aigrissant, fit qu'il r'enuoya le Duc d'Espernon, lequel reparut à Metz le douziesme de Ianuier 1603. & donna aux gens des trois Estats lettre de sa Majesté touchant leur reconciliation de ceste teneur.

Tres-chers & bien amez, Aussi tost que nous auons receu des Sieurs Viart & de Boisise les Remonstrances que vous auez proposées par delà à nostre cousin le Duc d'Espernon, & entendu particulierement de voz Deputez vostre intention & desir surce: Nous auons desiré y voir & apprendre premierement comme de mesme en ce qu'on nous a representé de la part du Sieur de Sobole au vray le subiet & motif de voz communes plaintes, & ce en quoy respectiuement chacun de vous pretend estre interessé. Nous auons recogneu en cela plusieurs recherches animées, lesquelles passant plus auant & estans traittees par les procedures qu'il seroit besoin de faire de part & d'autre auec vn trop long temps pour les iustifier, le remede en seroit plus tardif & moins vtile: & mesme pourroit vous apporter plus grande alteration. Ce qui nous fait resouldre pour en arrester entierement le cours, de faire supprimer le

tout

tout, & d'en deffendre respectiuement toutes recherches & pourfuittes, Et vous mander, comme nous faisons d'ailleurs audit Sieur de Sobole, que vous ayez à vous difpofer abfolument à vne parfaite reconciliation, par laquelle rentrant auec ledit Sieur de Sobole en l'amitié & bonne intelligence que nous fçauons auoir efté autresfois entre vous, l'on mette reciproquement foubz le pied & en perpetuel oubly le paffé, pour à l'aduenir viure en paix, vnion, & bonne correspondance, eflongnez de toutes diuifions, difcorde & partialitez, concurrens en vne mefme affection, foin & deffein de bien & fidelement feruir chacun en ce qui eft de fon deuoir, auec le respect requis à noftre auctorité, & à ceux aufquels nous en commettons la conferuation & manutention. Nous renuoyons prefentement & expreffement noftredit Coufin le Duc d'Efpernon à Metz, pour le vous commander de noftre part, & voz Deputez pour vous tefmoigner cefte noftre refolution, à laquelle vous ne ferez faute d'obeyr & entendre, & vous conformer entierement à ce que noftredit Coufin vous ordonnera de noftre volonté, que vous croirés eftre entierement difpofee à voftre contentement, repos & foulagement: & que nous n'auons rien de plus aggreable & recommandé en cefte affaire, que de voir cefte reconciliation effectuee, & de pouuoir efloigner de vous tout ce qui vous a nuit & entretenu en mauuais mefnage par le paffé. A quoy nous efperons que noftredit Coufin par fa prudence, & l'affiftance des fieurs Viart & de Boiffe donnera fi bon ordre & reiglement pour l'aduenir, que vous aurez tous fubiet de vous en contenter, pourueu que vous le croyez, & vous conformiez, comme vous deuez, à ce qu'il vous en prefcrira de noftre part: A quoy nous nous affeurons que vous ne ferez faute, fçachant que tel eft noftre plaifir. Donné à Paris le 23. iour de Decembre, 1602. Signé, Henry: Et plus bas, Potier. Et fur le dos eft efcrit, A noz tref-chers & bien-amez, les Sieurs des trois Eftats de la ville de Metz, & pays Meffin.

Ces Lettres rencontrerent les cœurs des Habitans incapables de toutes reconciliations, & n'eurent autre effect que de leur faire croiftre leurs plaintes, pour le nouueau fubiet qu'ils difoient en auoir, fe voyant fruftrez de l'efperance qu'ils auoient euë, en tant de promeffes de foulagement. Pendant qu'ils s'en affligent le Duc d'Efpernon ayant receu du Roy quelque commandement particulier, capable de l'intention de fa Majefté, commande la Citadelle eftre inueftie, ordonne de quelque trenchees & palliffades, & que les deux Freres foient contenus au dedans: & de tout ce mefnage commet la charge aux Habitans, defquels môte en garde au deffus de huict cent hommes par chacun iour, conduits par leurs propres

Centeniers, mais foubs la direction des plus experimétez de la garnifon. Il ne peut eftre repreſenté auec quelle allegreffe & promptitude les Habitans reçeurent ce commandement, & auec quelle affection ils y obeyrent, rien ne leur ayant de long temps efté ordonné mieux proportionné à leur defir : Ce moyen de plus forte diuifion leur eftant autant aggreable, qu'ils auoient peu goufté le commandement de reconciliation, que fa Majefté leur auoit fait par fes dernieres.

Plufieurs trouueront eftrange ce foudain changement en la procedure du Duc d'Efpernon, mais ceux qui l'ont veu trauailler à la reünion des volontez entre les fieurs de Sobole, & le Peuple, & recognu le foing qu'il y a porté, iugeront que le fubiect en eſtoit grand, ne pouuant fans vne merueilleufe force faitte à fa patience eftre fi foudain porté d'vne extremité à l'autre : C'eft fans doute qu'il eftoit fort indigné de fe voir furpris en la creance qu'il auoit toufiours euë, que les deux Freres notamment l'aifné, lequel par honneur il auoit de couftume d'appeller Discret, ne le tromperoient iamais par ingratitude. Et neantmoins il les trouuoit à prefent mefcognoiffans qu'il auoit faict leur fortune, & icelle appuyée fur la bafe de la fienne, monftroient clairement ne vouloir dependre de luy, fans qui leur nom ne feroit cognu, mefme que fe meffiant de fa parolle, n'auroient voulu venir le veoir que l'vn apres l'autre, & iamais enfemble, ores que par bonnes & viues raifons il leur euft remonftré que pour reftablir toutes chofes en bon ordre felon le commandement du Roy, il eftoit neceffaire de depofer toute meffiance : Que difficilement le Peuple pourroit eftre induit à reconciliation fi long temps qu'il en cognoiftroit de l'aigreur en eux, qui deuoient feruir de lumiere, depouillant toutes fimultez, que l'obeiffance à la volonté du Roy deuoit dériuer par exemple de fes premiers Miniftres aux Habitans : Mais tous ces effays de perfuafions demeurans inutils, & le Duc d'Efpernon ayant receu aduis qu'en la Citadelle fe faifoit des preparatifs fort contraires à la recóciliation, & que les Freres communiquoient par le dehors auec vn Gentil-homme voifin, qui leur promettoit fecours, prefage de quelque hoftile deffeing, outré de fe voir ofté le moyen de rendre conte à fa Majefté de la place que le

Roy

Roy deffunt auoit mis en depoft à fa fidelité, il eſtouffa tout ce qui luy reſtoit d'amitié & d'opinion fauorable aux deux freres, compatit aux douleurs du Peuple, & recognut la Iuſtice de fa plainte.

Les fieurs Viart & de Boifife, firent le poſſible pour eſteindre ce feu auāt qu'il s'allumaſt d'auātage, mais le trouuāt attifé de ces nouuelles aigreurs, y contribuant quantité de matiere il ne leur r'eüſſit.

Le Roy aduerty de toutes ces particularitez, par la depefche que luy en fit le Duc d'Eſpernon, portee par le fieur du Pleſſis, Gentilhomme des fiens, auquel fe ioingnit le fieur de Manfieux, coufin des fieurs de Sobole, & par eux enuoyé, redepefcha foudain les mefmes Couriers qui apportent quelque efperance de la venue du Roy: Sa Majeſté mefmes promect cefte faueur aux habitans, fi le Duc d'Eſpernon le iuge neceſſaire, fes lettres fur ce fujeēt contenoient ce qui s'enfuit.

Tres-chers & bien-amez: Nous euſſions bien defiré que noſtre Coufin le Duc d'Eſpernon eut peu vous reconcilier auec les fieurs de Sobole, reünir vos volontez, & vous remettre en bonne intelligence enfemble, fuyuant la charge que nous luy en auions donné, & croyons qu'il n'a tenu à noſtredict Coufin qu'il n'ait effectué en cela ce qui eſt de nos intentions, fçachant combien nous la defirós, & le bien que ladite reconciliation pouuoit apporter, tant à noſtre feruice, qu'au repos & contentement general des habitans de laditte Ville: Toutesfois ayant eſté aduerty des difficultez qui fe font prefentees en cefte occafion, & des caufes qui ont donné ombrage, & alteré d'auantage les volontez des vns & des autres, nous efcriuons à noſtredict Coufin, qu'il aduife par fa prudence d'y remedier, par les moyens les plus doux & faciles qu'il aduifera, & que s'il iuge noſtre prefence y eſtre neceſſaire, qu'il nous en donne aduis, eſtant refolu de nous y acheminer quand nous eſtimerons qu'il en fera befoin, nous promettant d'y eſtablir l'ordre qui y fera requis, pour le bien de noſtre feruice, repos des habitans de laditte Ville, & feureté d'icelle, qui nous fera toufiours en finguliere recommédation, comme par vos merites & fidelité nous en auez donné d'occafion, & que nous nous en promettons la continuation. Priant Dieu, tres-chers & bien-amez, qu'il vous ait en fa faincte garde: De Paris le 22. iour de Iāuier, 1603. Signé Henry, & plus bas Potier:

Et sur le dos est escrit, A noz tres-chers & bien-amez les Maistre Escheuin, & Treizes de la Ville de Metz.

Quatre iours apres arriue par la voye de la Poste le sieur de la Varenne, qui confirma l'esperance que les premiers auoient donné de la venue du Roy, il s'addresse au Duc d'Espernon, par l'aduis & permissiõ duquel il faict à l'heure mesme cõuoquer les Estats & se porta à leur asseblee pour les en assurer: Et neãtmoins apres y auoir fait ostésion de sa creance, leur remonstra auec vn langage sans artifice, le besoin que le seruice du Roy, & la condition du pays auoyent de voir les courages r'adoucis, & leuee la mes-intelligence que quelque desordre passé auoit fait naistre entre les sieurs de Sobole & les Habitans: Qu'il ne falloit plus viure des-vnis de volontez, pour ce que c'estoit vn acheminement à la ruyne d'vn chacun, ioinct que sa Majesté ne pouuoit trouuer bonne ceste aigreur en vn Peuple quelle auoit tousiours recognu doux & traictable: que ceux qui se glorifioient estre bons seruiteurs du Roy, le deuoient faire paroistre en ceste occasion, se portant & mettant peine de faire porter les autres à la recõciliation qui leur auoit esté proposee dés le commencement par monsieur le Duc d'Espernon, les sieurs Viart, & de Boisise. Et c'estoit le principal suject de son voyage, leur dire qu'ils ne pouuoient faire chose plus aggreable à sa Majesté, à laquelle il desiroit porter tesmoignage qu'il auoit trouué des esprits faciles à se conformer à son intention : Surquoy il pria l'assemblee de se resoudre promptement.

Le Maistre Escheuin le pria ne trouuer mauuais si l'on se retiroit pour deliberer sur vne proposition tant importante, non ferez dit-il, mais ie sortiray & attendray vostre responce auec patience : & acheuant se leua & sortit de la chambre, le Procureur general du Roy luy tenant compagnie: peu d'interual apres fut supplié de rentrer & remis en son siege, le Maistre Escheuin prit la parolle, & luy dit, que son discours auoit beaucoup troublé toute la compagnie, laquelle auoit conçeu toute autre esperance de sa venue, attendu que le sieur du Plessis auoit n'aguieres apporté de la Court les nouuelles de la faueur que le Roy vouloit faire aux habitans, de venir en personne recongnoistre la verité de leur condition, & y pouruoir. Que ce changement inopiné affligeoit
infiniment

infiniment les gens de bien, comme il pouuoit lire en la face de ceux qui eſtoient preſens. Que la reconciliation ſeroit receuable entre perſonnes égales, & ne pretendant autorité de l'vne ſur l'autre: mais du peuple auec Meſſieurs de Sobole, qu'il n'y auoit aucune apparance, pource qu'il eſt aſſez notoire que les freres, & ſur tout l'aiſné, ſe tenoit demeſurément offencé des plainctes faictes contre eux par les trois Eſtats: mais plus encores par les derniers mouuemens des barricades qui les auoit irritez, en ſorte qu'il ny auoit moyen de les appaiſer, comme ſçauent bien ceux qui les ont pratiquez. Et quand pour la ſeule conſideration de ſe conformer à la volonté du Roy, on voudroit fermer les yeux ſur le peril, encor trouueroit bon ſa Maieſté que les freres donnaſſent aſſeurance d'auoir depoſé toute animoſité. Et en ce cas on laiſſoit à penſer audit Sieur de la Varenne quel gage ſe pourroit tirer de perſonnes és parolles deſquelles n'y auoit que ſimulation & diſſimulation: comme il eſtoit verifié par l'accident de funeſte conſequence, receu par eux pour perdre vn bon nombre de ſignalez Citoyés, & auec eux l'honneur & reputation de la Ville. Que ſi la douceur de leur langage auoit eſté ſi preiudiciable à perſonnes, à qui tous les habitans ſçauent qu'ils auoient vn monde d'obligations, combien peu de foy pouuoit auoir ſur gage ſemblable ce pauure Peuple ſur lequel ils croyent auoir droict & raiſon de ſe vanger auec toute puiſſance de le faire par l'authorité abſoluë qu'ils ſe ſont vendiquee ſur luy. Qu'il n'y auoit que deux moyens de pourueoir à ce deſordre, l'vn d'applaudir aux freres, & reduire par ce moyen les bons à quitter leur patrie, ce qui eſtoit creu entierement eſlongné de l'intention du Roy, pour la cognoiſſance qu'il a de la fidelité de tous les habitás. L'autre de deſcharger la Ville & le pays de la domination des deux freres. Et affin (dit le Maiſtre Eſcheuin) que ie ne palie rien, nous entendons du gouuernement odieux, inſupportable, & plein d'oppreſſions des Sieurs de Sobolle, & de leurs ſatellites, par la mauuaiſe vie deſquels ce petit pays a eſté en blaſme à pluſieurs.

 Le Maiſtre Eſcheuin parlant fut eſcouté ſans interruption par le ſieur de la Varenne, lequel cóme reuenu d'vn profond péſer, dit à toute l'aſſemblée: Ie iuge bié, & vous le faictes paroiſtre auſſi, qu'il n'y a nulle voye de vous remettre enfemble, Puis qu'ainfi eft, ie vo⁹ dóne parolle que vous aurez icy le Roy dans fort peu de iours, duquel vous receurez tout le foulagemét que vous pouuez & deuez defirer d'vn Prince qui vous ayme, & qui veut vous conferuer. Ie vous recómande feulement la modeftie, ie partiray demain matin, & ne feray feiour, ny heure, ny temps, que ie n'aye rendu conte à fa Maiefté de ce que i'ay appris & fort bien recogneu. Et leur ayát dit à Dieu, fe retira, accompagné des plus notables, qui l'abandonnerent peu, chacun d'eux à fon tour reprenant le difcours des deportemens des deux freres. Le landemain ayant fait vn tour à la Citadelle, & mis fin à fa charge, difna auec le Duc d'Efpernon chez le Maiftre Efcheuin, & de là monte à Cheual & s'en va.

Le Sieur de la Varenne party, les affaires commencerent à prédre toute nouuelle difpofition. Le Duc d'Efpernon ayant conuoqué en l'hoftel de l'Euefque bon nombre d'habitans, tant du Magiftrat, qu'autres des plus notables, voulut fçauoir d'eux quels fignes de refiouïffance ils deliberoient de faire à l'entree de leurs Majefté, & recognoiffant par la diuerfité des opinions qu'ils n'en eftoient pas bien d'accord pource que la grandeur de leur contentement leur faifoit conceuoir de plus grands deffeins que ne pouuoit porter le peu de temps qu'ils auoient pour les executer. Il en concerta longuement auec eux, les exhorta de fe reduire à chofe poffible, & prit la peine d'en donner fon propre aduis, la refolution prife chacun fe retira.

Depuis la venuë du Sieur de la Varenne, les mouuemens contre la Citadelle ne furent de rien plus violentz, feulement fut obferué auec foing que rien ny entra pour nourriture ou pour autres neceffitez qu'autantque ceux de dedans en auoient de befoing pour viure au iour la iournee.

Le Mecredy douziefme de Feburier eft apporté par l'ordinaire de la Pofte vn pacquet du Roy, addreffé au Duc, dans lequel y auoit lettres pour luy, efcrittes de la main de fa Majefté, par lefquelles elle approuue & affeure eftre fort fatisfaite de tout ce qui s'eft paffé. Elle efcrit pareillement à ceux du Magiftrat autres lettres de cachet.

Ce nouuel aduis parti du Roy mefme, preffe le peuple de mettre à bon efcient la main à l'œuure, pour lequel accelerer font defparties

parties les charges entre ceux de la Iustice, & de deux à deux leur est commis le soin de faire construire les pieces entreprises sur ce sujet: Ils s'y rendent assidus, & à l'enuy l'vn de l'autre mettent peine d'auancer leur tasche : le Duc mesme, sans se donner relasche, se trouue à toutes heures sur les atteliers, pressant de parolles & de raisons le progrés qu'il desire y voir: mais nonobstant la contribution d'vn chacun, plusieurs choses demeurerent imparfaites, lesquelles vn bien peu plus de temps eut faict couronne de tout l'œuure: Car les iours venant à s'escouler les vns apres les autres, Eschet le mardy onziesme de Mars, auquel le Roy estant party de Verdun vint coucher à Fresne, d'ou le lendemain il passa à Malatour, & le Ieudy vint coucher au Chasteau de Moulin, à vne lieuë de Metz, pour y passer la riuiere de Mozelle sur vn pont de pierre beau & grand qui la trauerse. A la nouuelle que leurs Maiestés sont si proches, tout le monde est à lerte, chacun redouble son soin, & prend garde qu'il ne luy eschappe vne ligne de ce qui luy est commis.

 Le Duc d'Espernon estoit party de grand matin, auec le sieur de Boisise, pour aller trouuer le Roy, & luy representer l'estat des affaires: ce qu'ayant sagemét acheué, il retourne, laissant sa Maiesté sur son partement de Malatour.

 Le vendredy matin les deux freres Sieurs de Sobole s'acheminét à Moulin, le Roy y promena longuement l'aisné sur la prairie, auec demonstration de toute bonne volonté, & d'estre satis-faict de ses deportements : sa Maiesté donna moins de temps & d'audiance au puis-né, lequel auec son frere reprit le chemin de la Citadelle.

 Le Duc fait vn autre voyage à Moulin, suiuy de la plus part des Gentils-hommes du Pays, qui brusloient d'vn desir extraordinaire de voir leurs Maiestez: Cependant on trauailloit à toute reste à paracheuer les pieces commencées, qui toutes ne peurent portant attaindre leur perfection pour le nombre, car la fontaine de l'Hospital, qui estoit d'vn dessein plus releué qu'aucun des autres, tant pour la matiere que pour l'art, ne peut auoir sa derniere main, non plus que la Pyramide qui deuoit estre erigée au milieu de la place, deuant la grande Eglise, sur laquelle vne statue au naturel de sa Maiesté deuoit representer l'Hercules François : L'autheur eut vn extréme regret en ce r'accourcissement, d'autant qu'il auoit dessein-

B

gné ces deux pieces pour verification de sa suffisance.

Le Duc d'Espernon reuenu de Moulin, donne aduis qu'il estoit temps de sortir, commande que chacun soit soigneux & vigilent, que nul n'excede, ny ne face faillite: & qu'apres l'entrée il ne se rencontre vn seul de tous ceux qui ont quelque charge ou commissió qui n'en puisse rendre bon compte. Acheuant, il recognut qu'il y auoit plus de besoin de mords que d'esperon, tant tout le monde alloit viste, & de grand courage à sa fonction.

Sortent doncques de la Ville, & en tres-bon ordre: Premierement les trouppes du plat Pays, recueillies en dixhuict Compagnies distinctes d'Enseignes, & de mandilles de diuerses couleurs, reuenant le tout à deux mil cinq cens hommes. Les Chefs, Capitaines, & Membres de Compagnies, n'auoient espargné les frais pour se mettre en bon esquipage, & les Communes auoient contribué pour mettre à l'enuy leurs soldats mieux en point.

Suiuent les Compagnies de la Ville, conduittes par leurs Centeniers, ceste qualité n'attribue aucune prerogatiue de l'vne sur l'autre, à raison dequoy, & qu'ils ne recognoissent entre eux ny premier, ny second, estant au choix du Magistrat de les colloquer aux occurrences en tel ordre que l'affaire requiert. Ils sont icy nommez selon le rang que le sort leur fit tenir ce iour de l'entrée du Roy, ce qui est marqué exprés pour empescher la ialousie que l'obmission, ou l'erreur, auroit peu susciter.

Le premier doncques en ordre fut,
Le sieur D. de Montigny Capitaine Centenier.
Le sieur A. la Ronde son Lieutenant.
Le sieur C. Dinguenheim son Enseigne.
Le drappeau de ceste Compagnie se recognoissoit à ceste deuise,
TANDEM BONA CAVSA TRIVMPHAT.

Au second rang, selon le mesme ordre, sortir,
Le sieur N. le Goullon Capitaine Cent.
Le sieur D. Petre son Lieutenant.
Le sieur Iean Peltre son Enseigne.
Et le drappeau estoit marqué de ceste deuise du Colonel,
ADVERSIS CLARIVS ARDET.

Apres

A METZ.

Apres sortit pour troisiesme en ordre,
>Le sieur N. Richardi Capitaine Cent.
>Le sieur I. Ferry Lieutenant.
>Le sieur C. Thierry Enseigne.

Au milieu du drappeau y auoit escrit pour deuise,
>OV IVSTICE VEVT, LE FER Y PENETRE.

Sortit apres pour quatriesme,
>Le sieur I. Copperet Cappitaine Cent.
>Le sieur T. de Sauigny son Lieutenant.
>Le sieur I. Guillemin son Enseigne.

Au drappeau estoit inscrit à l'entour d'vn flambeau allumé,
>POVR SERVIR LOYAVMENT VOLONTIERS ME CONSOME.

Suit le cinquiesme en ordre,
>Le sieur D. le Braconnier Capitaine Cent.
>Le sieur I. le Bon-homme son Lieutenant.
>Le sieur I. Perignon son Enseigne.

La deuise qui faisoit remarquer le drappeau estoit,
>A L'ESPREVVE EST QVI S'ARME DE VERTV.

Marchoit apres pour sixiesme, selon qu'il escheut par la loy du sort,
>Le sieur Gros-Iean Capitaine Cent.
>Le sieur Adam de Linebourg son Lieutenant.
>Le sieur Sidrac son Enseigne.

Le drappeau se recognoissoit à vne grande croix blanche, occupant son milieu sans autre deuise.

Le septiesme suiuoit par la mesme attribution du sort, & s'auançoit en teste de la Compagnie,
>Le sieur G. Remyon Capitaine Cent.
>Le sieur M. de Flauigny son Lieutenant.
>Le sieur H. Bertrand son Enseigne.

La deuise à laquelle se recognoissoit le drappeau estoit,
>AV MILIEV DES PERILS LA PRVDENCE RELVIT.

Pour huictiesme s'auança,
>Le sieur M. Eurard Capitaine Cent.
>Le sieur C. Emond son Lieutenant.

B ij

Le sieur I. de Ioudreuille Enseigne.

Son drappeau paroissoit auec ceste inscription,
DIEV EST MON FORT.

Apres sortit pour neufuiesme selon l'ordre,
Le sieur C. de Ligneuille Capitaine Cent.
Le sieur P. Clouelat son Lieutenant.
Le sieur D. Estienne son Enseigne.

Au milieu du drappeau ouuert se lisoit ceste Sentence,
DOVCE EST LA PEINE OV LA GLOIRE S'ACQVIERT.

Et pour dixiesme apres les neuf precedens, marchoit en belle ordonnance,
Le sieur I. Grand-Iambe Capitaine Cent.
Le sieur I. de Cuury son Lieutenant.
Le sieur I. Lienard Enseigne.

Et n'y auoit autre remarque de son drappeau que ces trois mots importans,
IN HONOREM REGIS.

Finalement, & pour le dernier, sortit.
Le sieur Noel l'Allemant Capitaine Cent.
Le sieur Z. Alexandre son Lieutenant.
Le sieur M. Colas son Enseigne.

Son drappeau n'auoit autre enrichissement que d'vne grande croix Françoise au milieu.

De ceste ordre marcherent tous ces Capitaines Centeniers, qui par vne loüable emulation s'estoient esuertuez de paroistre ce iour là, non tant à l'esgard de leurs personnes, d'elles mesmes assez recognues, pour le rang que la plus part d'elles tient entre les premiers des Habitans, que pour la consideration de leurs hommes qu'il mirent peine de produire lestes, bien en couche, & mieux armez, tant de mosquets, harquebuzes, morions & fournimens, que de borguignotes & corselets, pour la plus part grauez & dorez, en sorte que le plus grand nombre sembloit bien estre d'enfans de bonne maison: Et de verité leur bel equipage leur esleuoit le cœur, & leur imprimoit en la face ie ne sçay quelle aggreable audace qui ne se

LES

A METZ. 17
LES DEVX BATAILLONS DE GENS DE
PIED, L'VN FORMÉ, L'AVTRE S'ACHEMINANT.

SE VOYENT AVSSI EN VN GROS LES
TROIS CORNETTES DE CAVALLERIE.

B iij

peut exprimer, combien que d'ailleurs les Chefs n'eussent rien obmis pour emporter le dessus de l'vn sur l'autre en richesse & belle inuention d'habits & d'armes, & rien ne leur fut de trop cher, qui pouuoit seruir à leur ornement.

Ces deux trouppes d'infanterie venues au rendez-vous, sont rangez en deux bataillons quarrez, eslongnez l'vn de l'autre, selon l'art, & l'aduantage requis pour estre veus du Roy. Le sieur du Halt Sergent Major de la garnison ordinaire, en les ordonnant s'acquita dignemēt de la charge que le Duc d'Espernon luy en auoit dōnee.

A peine estoit l'Infanterie placee, que trois Cornettes de Cauallerie formee d'Habitans de la Ville, en sortirent & parurent en la plaine: La premiere ayant pour Chef le sieur Nicolas Maguin maistre Escheuin, recueillāt ce iour en sa personne l'exercice des armes, de la Iustice, & de la police, pour tesmoignage que celles là sont de violence & redoutables, qui ne sont iustes & policées, & celles-cy souuent languides & sans efficace, qui sont destituées de l'escorte des premiers: Il auoit pour son Lieutenant le sieur G. Feriet, homme grand & fort, de belle taille, & iuste proportion, armé de toutes pieces d'armes dorées, sur vn habit de veloux violet, releué d'vn clinquant d'or: Le sieur Ican Gauuain portoit la Cornette de damas blanc, frāgee d'or, d'vn costé aux armes de France & de Nauarre, de l'autre costé à la deuise du maistre Escheuin, qui est de la vertu de pieté, representee par vne figure vestue à l'antique, aromatisant d'vne main vn autel, & de l'autre tenant l'espee de Iustice, auec ceste inscription,

CRAIN DIEV, ET FAY IVSTICE.

La bonté des armes du Cornette surmontoit l'enrichissement d'icelles, & sa monture sans repos se faisant faire place, vouloit bien qu'elle fut recognue valoir le grād pris qu'il coustoit à son maistre: Le sieur Gedeon de Lemeud auoit en la Compagnie le tiltre de Mareschal de logis, & comme il luy estoit donné par honneur, il mit peine en toutes sortes d'en honorer la trouppe, a quoy il ne māqua: Tous les compagnons en nombre de six vingts, armez à crud, & couuerts du pied iusques à la teste, monstroient à leur contenāce desirer plus de se voir en main quelque digne occasion de tesmoigner à sa Majesté par bons effects, la grandeur de leur affection

à son

A METZ.

à son seruice, que d'estre veus d'elle en ceste parade : chacun d'eux portoit la riche escharpe blanche frangee d'or, renoüée sur l'espaule, & arrestee auec grands boutons d'or ou de perles, sur l'habillement de teste voltigoit vn grand pennache blanc, peu moins haut & releué que celuy que le cheual portoit entre les deux oreilles, enté sur l'orlet du chanfrain, & n'eut esté la richesse & valeur des armes, & des habits des trois Chefs, la trouppe meslee eut donné de la difficulté de les bien discerner, chacun paroissant digne de commander à semblable compagnie.

Il demeura peu de distance entre ceste trouppe de cheuaux legers, & de la Compagnie du sieur Estienne Perignon, laquelle il conduisoit de cinquante harquebuziers à cheual, il estoit auantageusement monté, couuert d'vne casaque de veloux noir, double de toile d'argent à deux rangs tout autour de clinquāt d'argent enrichy sur le deuant, & au dos de croix de mesme estoffe : sa taille & sa façon seuere le faisoient assez remarquer pour Capitaine.

Le sieur François le Goullon estoit son Lieutenant, dont l'equipage ne cedoit en rien à celuy du Capitaine.

Il auoit pour Cornette le sieur Gedeon le Goullon, qui ne paroissoit de rien moins que le Lieutenant : Ces deux freres sont cognus pour personnes faisant profession d'honneur, & n'oublierent rien pour le monstrer en ceste belle occasion.

Le sieur Paul Ioly, sous le tiltre de Mareschal des logis, marchoit en queuë, habillé comme le Chef, sans difference que des armes.

Tous les compagnons auoient leurs casaques de veloux noir, se rapportant à celles des Chefs, le seul enrichissement qui estoit de Satin blanc, en faisoit la distinction.

En sa Cornette se voit d'vn costé vn Soleil dissipant les nuës à ceste deuise,
    POST NVBILA PHOEBVS.
Et de l'autre, ceste inscription,
    NEC FERRO, NEC IGNI.
Historiée d'vne peinture conuenable, representant l'intention du Chef.

Les pennaches & escharpes blanches, portées de bonne grace, donnoient grand lustre à la trouppe.

Apres & sans interual que fort petit, suiuoit la Compagnie des Bouchers, Ces gens sont en la Ville de Metz en grand nombre, & y en a beaucoup de bien aisez, & tousiours ont esté recognus fort affectionnez au seruice du Roy, n'ayant intermis vne seule occasion de le ratifier, mesmes en celle-cy, autre induction ne leur fut faicte de se mettre en estat, que de leur propre mouuement: ils estoient tous d'vne parure couuerts de casaque de sarge noir à deux croix de satin blanc, & par tout persemées de fleurs de lys, de mesme estoffe.

Henry de Guerlange en estoit le Chef, homme auancé en aage, mais vert de courage & vif en bonne volonté: sa barbe, son pennache, & son escharpe, l'vne blanche comme l'autre, donnoient plus de grace aux veloux noir de sa casaque.

Son Lieutenant, appellé Iean Magdelaine, le secondoit en bonne façon & qualité d'habits.

Pierron Petit-Iean son Cornette, ne paroissoit pas moins: la Cornette estoit de Damas noir, d'vn & d'autre costé de laquelle y auoit vne croix de satin blanc, auec force fleurs de lys de mesme satin, la frange de soye blanche & noire, couleurs de la Ville.

Toute la trouppe monstroit bien tant au marcher qu'au port de leurs armes n'estre apprentifue du mestier qu'elle faisoit lors, la plus part des Soldats ayant faict faction pour le seruice de sa Majesté en diuerses occasions.

Chacune de ces trois Compagnies auoient leurs Trompettes auec les banderolles, se rapportant aux Cornettes.

En cest equipage elles se porterent au lieu qui leur estoit assigné, guidées de la veuë des estrangers venus en grand nombre pour obseruer les actions & ceremonies de ceste entrée, & qui aduouërent n'auoir rien veu de plus beau en pareil suject.

A peine estoient elles rangées selon l'ordre qui leur estoit prescrit par le Duc d'Espernon: Que le Roy s'aduançant auec les Princes & grands Seigneurs de sa suitte, les eut en veuë: Et comme il est actif & prompt en toutes choses, donne vers l'vn & l'autre des bataillons de l'infanterie, au premier rien pour tout ne luy fit cognoistre qu'il estoit composé des gens du plat pays, tant chacun Soldat auoit bonne façon, il le loüa beaucoup, & passant de rang en rang

les

les gratifia d'vne aſſertion qu'il en auoit fort grand contentement.

Pour celuy de la Ville, qu'il trouua grand & ſuperbe, il eut toute occaſion de ſe glorifier de l'eſtime que ſa Majeſté en fit, il n'y eut vne ſeule circonſtance qu'elle ne remarquaſt, tant és perſonnes & leurs equipages, qu'en la diſpoſition du bataillon, donnant à chacune quelque traict particulier de loüange : Et en ayant demandé aux aſſiſtans leur aduis, fut aduoüé que rien n'y eſtoit à deſirer : que l'honneur de la garniſon y reluiſoit, comme celuy de la Ville, puis qu'il eſtoit certain que l'habitude à ſi bien faire s'y eſtoit formée.

De là ſa Maieſte donne vers la Cauallerie, à laquelle elle prit ſingulier plaiſir : ce qui ſe recognut en ce que ſans intermiſſion elle en donnoit quelque marque, & de geſtes & de parolles, tantoſt loüāt les hommes en general, puis chacun cheuaux-leger en particulier, autre-fois l'equipage bien poly, & de rechef l'ordonnance bien conſiderée : ſur tout les armes luy ſemblerent & belles & bien-faittes : & ceux de ſa ſuitte furent en ſuſpens, à qui ils pourroient iuſtement donner la preference, pour ſçauoir mieux ſe conduire & manier en icelles.

Ne faut obmettre que le Roy les approchant, le ſieur FERIET Lieutenant, s'auança vn petit, auec tous ſes compagnons, par telle meſure & conſideration de temps, que le Chef faiſant ferme, ſembla auoir bandé vn reſſort pour arreſter toute la trouppe, tant iuſtement ils ſe trouuerent arreſtez tout à coup, ce qui pleut fort à ſa Maieſté, à laquelle le Lieutenant parla ainſi,

SIRE, Ie ne m'eſleue point pour honneur que ie me promette de la conduitte de ceſte trouppe en ſon eſgard, encores que ie recognoiſſe tous ceux dont elle eſt compoſee capables de la commander : mais la gloire immortelle qui ne me peut fuyr de la rendre au pieds de voſtre Maieſté au iour heureux de ſon aduenement en ce pays, me hauſſe le courage, en ſorte que i'oſe offrir à voſtre Maieſté, auec la vie, tous les ſeruices que peuuent & doiuēt les tres-humbles, & tres-fidelles ſeruiteurs d'icelle, tels que nous ſommes tous, & la ſupplier tres humblement me departir à ce tiltre la faueur de ſes bonnes graces, & vouloir que chacun des Compagnons y participe.

Ie ne doute, dit le Roy, que vos volontez ne reſpondent à vos parolles, & m'aſſeure de vos bonnes affections, continuez-les moy, & vous m'aurez fauorable en toutes occaſions.

Le Maiſtre Eſcheuin apres auoir commis ſa Compagnie à la charge & conduitte de ſon Lieutenant, retourne à la Ville pour y prendre le Corps de la Iuſtice, il les rencontre à la ſortie auec Meſſieurs de la Nobleſſe & Officiers du Roy, à la teſte deſquels il prit place, & les mena en bon ordre iuſques au lieu ou il eut aduis qu'il trouueroit ſa Maieſté: Chacun peut penſer que ceſte trouppe qui recueilloit tous les premiers de la Ville, n'auoit rien obmis de ce qui pouuoit la faire paroiſtre, & rendre aggreable aux yeux du Roy. Elle eſtoit ſuiuie des Officiers de la Iuſtice, & d'autres de la Ville, Sergens, Bannerots, Meſſagers à Cheual, & autres tous veſtus à l'aduantage, auec marque de blanc & de noir, qui ſont les couleurs & liurées de la Ville, portée auſſi par les Meſſagiers à pied, lacquais, & autres en grand nombre, commis à recepuoir & garder les Cheuaux de ceux qui auoient à mettre pied à terre, & toute ceſte trouppe pouuoit eſtre de deux cent Cheuaux.

De l'autre coſté eſt repreſentée la forme de l'acheminement des trois Cornettes de Caualerie.

LES

LES TROIS CORNETTES DE CAVALLERIE
S'ACHEMINANT AV RENDEZ-VOVS.

Le Roy ayant faict responce à la harangue du sieur Feriet, repasse entre deux bataillons, s'aduance, & soudain apperçeu par le Maistre Escheuin, & ceux de sa trouppe, tous mettent pied à terre, marchent iuques à la teste du Cheual de sa Maiesté, ou, sans perdre l'ordre, tous ployant le genoüil en terre, le Maistre Escheuin haussant sa voix, auec grande asseurance, fit ceste harangue succincte, & accomodée au temps.

SIRE,

Vos tres-humbles, tres-fidelles, & tres-affectionnez seruiteurs, les Gens des trois Estats de la Ville & Cité de Metz, rendent graces à Dieu immortel & tout puissant, de ce qu'il les a exaucez, mettant au cœur de vostre Maiesté de faire le voyage dont ils auoient supplié sa diuine bonté. Que peuuent-ils desirer outre ceste faueur qui portera par tout les nouuelles de sa cause. Vostre Maiesté, SIRE, ayant recogncu noz plaintes, & iugé par noz desportemens passez, qu'il y auoit du mal, puis qu'auec tant d'instances nous les donnions aux oreilles de vostre Maiesté, touchée d'vne affection paternelle à l'endroit d'vn bon peuple. Elle a preferé la necessité de le tirer de peine à la consideration de l'iniure & malice du temps, & des chemins, voire à la presse de ses autres affaires Ceux qui l'entendront l'attribueront vrayement à la debonnaireté de vostre Maiesté. Mais, SIRE, ils ne nous retiendront point l'honeur que pour fidelité recogneuë, elle vient presentement l'exercer sur nous. Or, SIRE, afin que le remede s'applique selon la playe, nous ramenteurons en peu de parolles d'ou elle nous procede, & comment elle a esté fomentée. Les traictemens insupportables que depuis plusieurs années en çà nous auons receus des Sieurs de Sobole, venant tous les iours à s'exasperer, nous ont en fin fait passer outre la patiëce. Eux, SIRE, au lieu de gouuerner auec douceur, selon l'intention de vostre Maiesté, & à l'exemple de ceux qui les ont deuancés en charge, ont non seulement tasché nous enleuer & du tout aneantir les droits, franchises & priuileges, dont la iouïssance nous auoit esté conseruee par les Roys predecesseurs de vostre Maiesté: mais mesmes se sont efforcez de nous interdire & deietter auec ignominie des fonctions de noz charges, voire mesmes les corps, communautez, & particuliers de la iuste possession de leurs biës. SIRE, ce sont mauuaises nuées qui ont corrompu l'air de ce pays: Mais nous esperons que vostre Iustice Royale sera le soleil qui les dissipera: C'est dequoy nous, pour tout le peuple, supplions tres-humblement de genouil, à mains iointes, & au nom de Dieu, vostre Majesté: Et nous ayant tirés du mal, & deliurez de la longue seruitude en laquelle les sieurs de Sobole nous ont iusques à present detenus, nous restablir, maintenir, & entretenir en nos droicts susdits, authoritez, franchises, priuileges, & libertez. Et apres auoir respiré, SIRE, nous n'espargnerons ny vies, ny moyens, ny mesmes ce que vostre Maiesté nous aura rendu pour continuer soubs son obeissance, & asseurance de sa protection, au tref-humble seruice que

nous

nous luy auōs voüé, à quoy mesmes nous obligeons pour iamais nostre posterité. Priant Dieu de tout nostre cœur (prosternez deuant luy, & deuant vous, SIRE) que puissiez entrer en la Cité auec toute prosperité, ioye, & contentement, & regner longuement & heureusement.

Le Roy ayant presté l'audiance que chacun s'estoit promis de sa bonté, respondit en deux mots, & dit;

Que la saison & l'inclemence du temps deuoient estre deux bons tesmoins de son affection enuers le Peuple de Metz, & à l'endroit d'eux qui estoient presents: Qu'il leur promettoit tout soulagement, qu'il ne desiroit d'eux que la pratique de leur modestie accoustumee, sans marque d'aigreur ou d'animosité, dont il les prioit se despouiller s'ils en auoient aucune: Qu'il s'acheminoit à la Ville pour leur bien, & n'en partiroit qu'ilz ne les eut rendu contens.

Puis ayant sçeu qu'on se disposoit à receuoir la Royne, commanda à vn Gentil-homme proche de luy d'y cōduire la Trouppe: Chacun remonte à Cheual, & repris le premier ordre, on ne fit pas beaucoup de chemin sans rencontrer la Royne, qui s'aduançoit vers la Ville: A la veuë de sa Littiere descouuerte (ou elle auoit Monsieur de Vandosme) fut rendu pareil deuoir qu'au Roy, Et le Maistre Escheuin parlant, luy dict;

M ADAME,
Le desir naturel que les Peuples ont de veoir leur bon Prince, nous porte à faire tous signes de resioüyssance en l'heureux aduenement du Roy, qui vient exprés, en saison si rigoureuse, pour le bien & soulagement de la Ville & du Pays. Et vostre Maiesté, MADAME, *s'estant iointe à luy pour mesme subiect, fait que l'excez de ceste faueur surpasse tout ce que nous pouuons tesmoigner de contentement & d'obligation. Il est necessaire que voz Maiestez reçoiuent pour supplement,* MADAME, *la grandeur de noz affections, en quoy nous surpassons aussi beaucoup d'autres, les rapportans à voz Maiestez, comme à vn seul point, pour ce que nous ne pouuons ietter l'œil sur la multitude des biens que le Roy a faict à ses Peuples, que nous ne les voyons releuez & enrichis du bon-heur dont la naissance de Monseigneur le Daulphin les benit. Et ceste rencontre nous rameine à la consideration de vostre Maiesté,* MADAME, *qui nous l'auez donné pour base, sur laquelle s'afferme le repos des bons, auquel nous aurons part, s'il plaist au Roy nous deliurer des sieurs de Sobole, & de l'oppression en laquelle nous auons vescu sous eux fort long temps. Nous implorons à ce suiect l'intercession de vostre Maiesté : Et comme nous ne luy pouuons rien offrir qui ne luy soit desià acquis, nous supplions tres-humblement vostre Maiesté Royale,* MADAME, *posseder, comme vostre, les cœurs & affections auec lesquels nous luy auons offert le surplus.*

C

La Royne fit cognoiftre qu'elle auoit fort bien compris l'intention des Gens des trois Eftats, & ayant refpondu en Italien, commanda fes parolles eftre interpretées par vn Gentilhomme qui fe trouua là. Le fujeƈt fut en fubftance,

Qu'il ne pouuoit eftre rien adioufté à la bonne volonté du Roy, tout ce qui eftoit d'elle eftoit de luy ramenteuoir les occafions de les gratifier, en quoy elle n'obmettroit ny foing, ny defir : Ne pouuant en rien fe plaire tant qu'à fecourir ceux qui ont befoin, leur promect pour fin fa faueur & affiftance en ce qui feroit du fien.

Ce deuoir acheué on reprend le chemin de la Ville, mais entre la harangue faicte au Roy & la refponce de la Royne, fut par les deux Bataillons faicte vne Scopeterie telle qu'il ne peut eftre dict s'en faire de mieux, & le Roy le iugea ainfi.

Sa Maiefté auoit defià receu du Duc d'Efpernon les Clefs de la Ville, le Magiftrat les auoit faict faire d'argent, pefantes & maffiues, & portées par vn las de foye blanc & noir, & auoit efté iugé de la decence & du deuoir que la prefentation s'en fit par le Gouuerneur, pour tefmoigner que la feureté des Habitans repofe en fa vigilance.

Le Roy approchant de la Ville changea de Cheual, commanda au fieur de Fontenay Grand Preuoft de s'auancer, pour luy porter l'efpee deuant, ordonna des rangs que chacun deuoit tenir, auec telle addreffe & promptitude qu'il n'y eut point d'interual entre le dire & le faire, ny marque qu'il y eut changement. En mefme temps fut faicte vne longue Scopeterie d'harquebuzades en la Citadelle, apres laquelle fut mis le feu aux Pieces, qui font fans nombre en cefte Place, rangées tant fur les Ramparts, Platteformes, que Baftions & Cazemattes : Le bruict en fut fi grand qu'il penetra fix lieuës à la ronde, & la fumée telle que le Soleil, qui autremét luifoit clair & beau, en fut longuement obfcurcy. Le Canon de la Ville ne choma non plus, & le tonnere de fes volées ne fut guieres moindre que le premier.

A ce propos du Soleil, eft à noter que le temps qui depuis plus de trois fepmaines auoit toufiours efté pluuieux, véteux, neigeux, accompagné de frimats, & de nielles obfcurciffans l'air, fe changea à l'heure mefme que le Roy mit le pied au Pays Meffin, & continua en ferenité iufques au iour mefme que fa Maiefté en partit : Et ce changement

changement, outre qu'il fut de bon presage, vint fort à propos pour fauoriser sa reception.

Les Compagnies de la garnison ayant longuement escarmouché au dehors, pour donner plaisir à sa Maiesté, furent distribuées selon qu'il auoit esté aduisé, tant pour parade, & pour l'honneur de l'entree, que pour la necessité. Tout y brilloit en Morions, & Fournimés de Milan, grauez, & dorez, & l'esmery des armes, frappé des rayons du Soleil, offusquoit la veuë des regardans. Les riches Bandoüillieres, & les fourreaux de Picques, distinguoiét par leurs chiffres & diuersité de couleurs les Compagnies, sans qu'il fut besoin de les considerer aux Drappeaux, qui tous portent la marque du Colonel. L'œil ne sçeut donner iugemét du mieux paré, mieux armé, ny plus adroict des Capitaines, qui firent bien paroistre qu'ilz sont precepteurs experimentez en ceste celebre escole de la milice, sous lesquels plusieurs de bonne maison ont faict heureux apprentissage, & ne faut s'esbahir si les Habitans s'acquitterent si dignement de ce qui leur estoit commis en la conduitte de leurs Trouppes, & si leurs hommes firent si bien, ayant pris leur instruction par vne veuë continuelle de l'exercice des armes qui se faict parmy eux, l'imitation leur en estant libre.

A l'entree de la barriere le grand bruict de Trompettes, de Clairons, & de Voix, exhaulsees en signe de resiouyssance, n'empescha point que l'harmonie de la Musique vocale, & d'instrumens, ordónée sur le premier Portal, n'y fit tourner la veuë du Roy, laquelle il y arresta assez de temps, auant se mettre sous le Daiz qui luy estoit preparé.

Il vid dócques en face vne structure de vj^{xx} douze pieds de haut, ayant en l'amortissemét de sa hauteur vne Statue de bronze imitee, representant sa Maiesté, cóme la cause, l'obiect, & seul motif de tout l'œuure: Elle tenoit d'vne main sa lance debout, le tronçon touchát à son pied dextre, enlacée vers le fer dás vn tortis de Laurier, & d'vn Serpent, signifiát que ses victoires sont les vrais effets de sa prudence, par laquelle il gouuerne & maintient son Royaume, representé par l'escu au trois fleurs de Lys: & baissant vn petit sa veuë au deſſous de la derniere Corniche, il void vne grande Table d'attente, auec ceſte inſcription.

A TRES-HAVT, TRES-PVISSANT, TRES-EXCELLENT, MAGNANIME, ET VICTORIEVX PRINCE, HENRY IIII. ROY DE FRANCE, ET DE NAVARRE; ISSV DE LA TRES-NOBLE LIGNEE DE CHARLEMAGNE, ET VRAY IMITATEVR DE SES FAICTS; VENANT EN CE PAYS POVR LE BIEN ET SOVLAGEMENT DV PEVPLE. LES TROIS ORDRES DE LA VILLE DE METZ ET PAYS MESSIN (IADIS DE GRAND RENOM ENTRE LES GAVLOIS, ET DE NON MOINDRE REPVTATION PARMY LES FRANCOIS) BIEN MEMORATIFS DE L'ANCIENNE AFFECTION ET FIDELITE' DE LEVRS ANCESTRES ENVERS LA COVRONNE DE FRANCE, ONT, COMME A LEVR SEIGNEVR, SOVVERAIN PROTECTEVR, ET PERE DV PEVPLE, RENDV CE DEVOIR, AVEC VOEVS DE PERPETVEL HONNEVR, GRANDEVR, ET FELICITE'.

Entre deux Colonnes d'ordre Corinthe, au deſſous de ceſte Table, eſtoient les armes de France, & de Nauarre, au deſſus vne Couronne, figure d'autorité ſupreme, ſous laquelle ſont ſoubmis deux figures nuës, pour monſtrer qu'au Peuple Meſſin, exaltant la gloire auguſte de ſa Maieſté, n'y a ny fard, ny ſimulation, telle au dedans qu'au dehors, d'vn coſté & de l'autre de ce Tableau eſtoient les armes de la Royne, & de Mōſeigneur le Daulphin, ſupportées par les ſainctes amours du Roy. Hors du Quadre derriere iceluy, & à chacun

ARC TRIOMPHAL DRESSE AV DEHORS.

cun de ses costez, au dessus des plus grandes Corniches s'espendoit vne confusion d'armes de toutes sortes, offenciues & deffenciues, trophées reuestues des despouilles des ennemis de sa Maiesté. Sous la Corniche & sa moulure paroissoit la Frise, enrichie, & l'Architraue soustenus de quatre Colonnes Doriques, non de platte peinture, ains toutes de bosse ronde, & hors d'œuure comme les Corinthes de dessus. Entre deux Colonnes à main droicte y auoit deux Niches, l'vne au dessus de l'autre, & en chacune se monstroit vne statue de bronze, à la senestre y en auoit tout autāt: Et ces quatre figures representoient, par vn nombre parfaict, les vertus innombrables de sa Maiesté. Au milieu de ceste ordonnance estoit le grand Portal, donnant entrée en la Ville par dessous vne voulte, longue de xxv. pieds, dont les flancs estoient tous enrichis de grāds tableaux des victoires de sa Maiesté: au surplus toutes Corniches, Frizes, Architraues, Frontispices, Couronnemens, Chapiteaux, Colomnes, Vazes releuez & diuersifiez de iaspè, de marbre, & de porfire, si bien imité que le naturel n'eut point esté plus aggreable.

Le Roy retirant sa veuë de la consideration de cest Arc triomphal, esleué à son honneur, il la trouua retenuë par vn nouueau suject: Il vid doncques descendre hors d'vn amas de nuées imitées au comble de la voulte, deux ieunes Adolescens, choisis entre plusieurs pour leur beauté & ressemblance, ils representoient deux victoires, vestus sur l'anticque de satin blanc, recamé de tresse d'or, ils auoient aux iambes de petit brodequins blancs, enrichis de meufles, & de moresques dorez & renoüez en plusieurs endroits de lacets de soye bleuë: chacun d'eux auoit vn pied en l'air, & l'autre anté dans les nuës, leurs aisles estendues, & eux s'entretenans d'vne main qu'ils esleuoient au dessus de leurs testes, de l'autre ils tenoiēt vne couronne de Myrthe & d'Oliuier, laquelle ils porterent à fleur de dessus du chappeau de sa Maiesté, se rencontrant iustement au dessous, ou elle s'arresta au recit qu'ils firent de ces vers,

A METZ.

LE PREMIER.
De Palmes & de Lauriers
Sont riches vos faicts guerriers :
Mais le nombre de Couronnes,
Qui en cernent vostre Chef,
Se releue du meschef
De miserables personnes.

LE SECOND.
Ou ces bien heureus tortis,
De Myrthe vert assortis,
Et d'Oliuier pacifique,
Se donnent à vostre honneur,
Pour la paix, & le bon-heur
Qu'attend de vous le Publicque.

La veuë & louye de sa Maiesté en demeurerent également satisfaits : C'est obiect, qu'elle loüa, la diuertit de voir ce qui estoit representé de ses victoires aux deux flancs de la voulte, aussi est-il veritable qu'il tira en admiration tous les estrangers, qui iusques à là auoient creu ces deux figures estre l'œuure immobile de quelque expert artisan, & furent surpris les voyant mouuoir auec tant de grace.

Au mesme temps que sa Maiesté voulut passer sous l'arcade, fut esleué au dessus d'elle vn daix de drap d'or, à frange de soye noir, & crespine d'argent, chacune des pantes, comme le fond estoit enrichie des Armes, Chiffres, & Deuises de sa Maiesté, & de fleurs de Lys en eschiquier, assises en broderie, frisez ou cordonnez, & porfilez de canetille & cordons d'or, & glacées selon l'art qui surpassoit la matiere, ce daix estoit porté par quatre personnes notables de la Iustice, sçauoir,

   IACQVES PRAILLON.
   IEAN DE VILLER.
   IEAN HVMBERT LE BON-HOMME.
   PIERRE BVSSELOT.

Leurs noms font affez cognus au pays, pour les belles charges qu'ils y ont portées, & exercent encores dignement, au grand contentement du Peuple, mefmement le Sieur Praillon, lequel apres plufieurs grands & notables feruices rendus aux Roys predeceffeurs de fa Maiefté, tant à leur fuitte, qu'és armées, fe feroit en fin reduict à feruir fa Patrie, en laquelle il a plufieurs fois efté honoré de la charge & qualité de Maiftre Efcheuin (premiere de toutes celles du Pays) De laquelle le fieur Iean de Viller eft pareillement promeu pour la feconde fois, pour fes propres merites, & la douceur de fon naturel, fils d'vn pere qui luy en auoit faict la planche, en ayant porté la dignité huict fois.

Ainsi parla messire Iacques Foës grand Doyen, originaire de la Ville de Metz, homme de grand sens & profonde literature, & qui pour auoir esté recognu par les sieurs de Sobole impatient d'iniures & conseil à ses Compatriots, contre l'iniustice & l'oppression, s'estoit enueloppé dans vn manifeste danger de courir fortune, sans le voyage de sa maiesté, laquelle à ceste harangue respódit brefuement en ceste sorte.

Ie sçay ce que requiert de moy vostre fidelité, ie n'y manqueray pas, vous le deuez croire, puis que i'ay fermé l'œil sur tout ce qui pouuoit me diuertir de venir. Le fruict de mon voyage vous durera long temps, vous me ferez plaisir de me voir, & i'apprendray de vous en quoy ie puis particulierement vous gratifier, non seulement pour l'esgard de voz priuileges & droicts, que ie vous veux conseruer, mais pour toutes sortes d'occasions.

Ayant acheué, sa Maiesté passa outre, & se rendit à l'endroict de l'hostel Dieu, dit de sainct Nicolas, au deuant duquel auoit esté commencee la fabrique d'vne Grotte rustique d'vne fort belle inuention, elle tenoit toute l'estendue de la fontaine, qui contient de diametre quelque vingt cinq ou trente pieds. Vn grand rocher esleuoit toute sa Masse hors de terre, faisant la base quadrangulaire d'vne Pyramide esmoussee: chacune des deux faces qui regardoiét les aduenues de la porte & de la ruë y auoit és bases vn grand portal, sur le seüil duquel se veoid estédue en son seant, en l'vne, la figure nuë d'vn homme accoudé sur vne Vrne renuersee, en l'autre d'vne femme de mesme posture: Et de l'vne & de l'autre des Vrnes s'epandoit vne grande abondance d'eau: L'homme representoit le fleuue de Mozelle, la femme la riuiere de Saille: l'obscurité de la Grotte ostoit le moyen de bien recognoistre les actions de quelques figures qui se voyoyent à peu prez au dedans, aussi estoient elles plus pour l'embellissement que pour signification: Tout le rocher de ceste base estoit tapissé de coquilles, de mousses, de petits lezars, & autres reptiles de diuerses sortes : En vne petite Table d'attente estoit escrit,

DEVS NOBIS HÆC OTIA FECIT.

Voyage du Roy

La Pyramide au surplus en toutes ses faces contenoit vne infinité d'Hyerogliphiques à la loüange du Roy, & de ses vertus heroïques: Mais d'autant que la piece ne fut acheuée, & affin d'euiter l'ostension pour chose qui ne fut veuë en ceste reception, il suffit d'auoir dict qu'elle fut commencée, & qu'acheuée elle eut esté selon la taille qui en est icy représentée: la briefueté du temps la fit ruyner auant que parfaire, & ce au grand regret du Maistre qui constituoit en ce labeur la souueraine marque de son industrie, pour y couronner ses inuentions. C'est la verité, que comme c'en estoit le Chef d'œuure, aussi y auoit on faict plus de vers & d'inscriptions pour les singularitez qui deuoient l'enrichir.

GROTE

GROTE COMMENCEE ET NON ACHE-
VEE A LA FONTAINE DE L'HOSPITAL.

Plus auant parut ceste grande masse de la maison dit d'Ennery, la hauteur du front donna suject au Roy de demander à ceux qui portoient le poësle que c'estoit, il luy fut satisfaict : Et comme il s'auançoit, venant à l'endroict qui fait voir à dextre le Cháp-à-saille, il void ceste grãde Closture triomphale, composee de trois Portiques, les deux lateraux moindres que celuy du milieu : L'ordre estoit Dorique, à huict grands Pilastres portant leurs Architraues, Frizes, & Corniches : Au dessus vne longue plateforme large de la profondeur des Portiques, le parapet, accoudoir ou garde-fous de laditte plateforme enrichis de petits arceaux, & de l'vn à l'autre de Pilastre selon l'ordre: au milieu de l'accoudoir,& sur vn tapis de veloux vert figuré, à frange d'argent, estoient les armes du Roy: en la Frize sur le Portique du milieu estoit ceste inscription latine en vne grande Table d'attente :

HENRICO IIII. GALL. ET NAVAR. REGI PIO, VICTORI, FOELICI, AVG. CAROLI MAGNI IMPER. AVG. NEP. EIQ. RERVM GESTAR. NVMEROQ TRIOMPHOR. HAVD IMPARI, IN HANC VRBEM ANNI TEMPESTATE DIFFICILL. RER. CONSTITVENDAR. ERGO VENIENTI, MEDIOMATRICES MAGNI QVONDAM INTER BELGAS, POSTEA INTER FRANCOS NOMINIS, ANTIQVÆ MAIOR. SVOR. IN REGES FRANC. FIDEI ET OBSEQVII MEMORES, SESE, SVAQ. OPTIMO PRINCIPI, LIBERTATIS VINDICI, PATRIÆ PARENTI, ET PROTECTORI, LIBENTER ET MERITO DEVOVERVNT.

A costé droict de la veuë du Roy, en vne autre table du Portique collateral

A METZ.

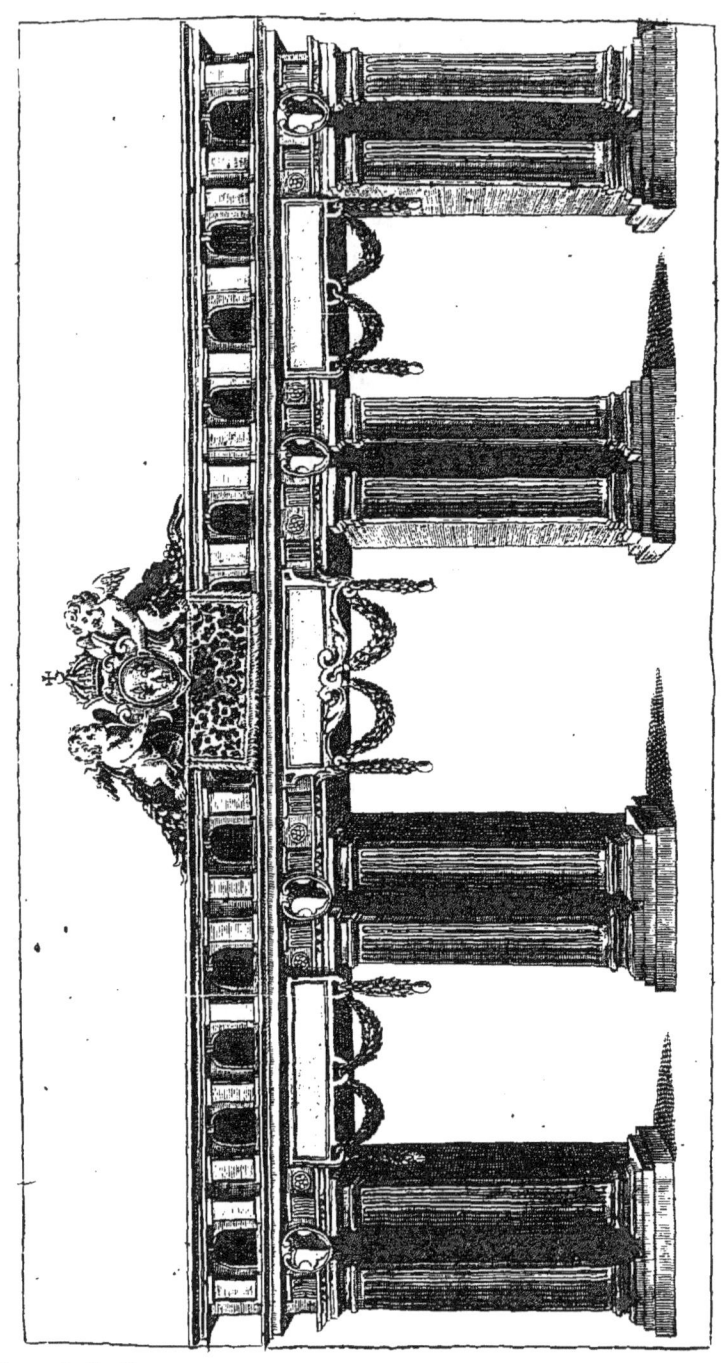

TRIPLE PORTIQVE A L'ADVENVE
DV CHAMP-A-SAILLE.

collateral estoit escrit en lettre d'or sur vn Marbre noir,

MARIÆ MEDICEÆ FRANCORVM ET NAVARRÆ
REGINÆ HEROINÆ OPTIMÆ, QVOD FOELICI
FOECVNDITATE GALLIAS BEAVERIT, S.

Sur l'autre Portique en sa Table propre y auoit ceste inscription,

REGI FOELICI FOELICITER PVBLICÆ
QVIETIS RESTITVTORI.
S. P. Q. M.
VOTIS PVBLICIS DD.

Icy fut faict vn silence extraordinaire par le Peuple qui s'y estoit rangé en multitude incroyable, comme en lieu comode pour y considerer proprement & sans destourbier ce grand Roy qu'ils auoyent tant souhaité: Et venant à voir ceste Auguste personne, dont les bouches & les plumes ont publié tant de loüanges, & de laquelle s'esperoit vn entier restablissemét de la liberté prosternée, demeura longuement muet, & comme transporté d'vn rauissement d'esprit en la consideration du bien esperé par elle, duquel auec les maux soufferts il faisoit vne importante comparaison: mais en fin ainsi que reuenu d'vn long extase, ceste taciturnité fut en vn instant conuertie en vn tel esclat de voix que toutes les oreilles en furent essourdies, hommes, femmes & enfans, crians à gorge desployée, & sans intermission,

VIVE LE ROY, VIVE LE ROY.

Sa Maiesté tourna sa veuë vers ceste Place grande & vaste, & telle qu'il se trouue peu de Villes en l'Europe qui en ayent de pareilles, elle est capable de tenir dix mil hommes, toute enuironnée d'arcades, au moyen desquelles on peut aller à couuert tout à l'entour.

Le Roy

A METZ.

Le Roy conduict paſſa iuſques à l'entrée de l'autre place ditte de Change, ceſte entrée ſe trouua tenduë de Feſtons, reueſtus de branchages, de fruicts, & de fueilles artificielles, aydées & ſouſtenues par des enlacemens de Liere que la nature & la main de l'Artiſan auoient fourny en toute abondance : au milieu pendoit l'eſcu des armes de ſa Maieſté, ſupporté par vne grande eſcharpe de taffetas incarnat.

En ceſt endroict ſa Maieſté trouua en teſte vne Compagnie de ſix vingts ieunes enfans ou enuiron, tous au deſſous de dix ans, NICOLAS MAGVIN fils du ſieur Maiſtre Eſcheuin, en eſtoit Capitaine, lequel auoit pour Lieutenant FRANÇOIS PRAILLON, & pour Enſeigne AVGVSTE LE GOVLLON, qui portoit ſon Drapeau de Taffetas blanc parſemé de petits Daulphins en broderie d'or, pour teſmoigner que la Compagnie eſtoit de Monſeigneur le Daulphin.

Le Chef eſtoit veſtu de toile d'argent, le bas blanc de ſoye, ſous de petits brodequins blancs, vn bonnet ou tocque de veloux noir, à vn cordon d'argent, l'eſpee dorec, la iaueline armée d'vn fer en forme de fleur de Lys d'or, ſortant d'vne groſſe houppe de ſoye blanche à creſpine & bouton d'or, la ceinture en broderie d'or.

Le Lieutenant habillé de Satin blanc à fond d'argent, le reſte de l'eſquipage ſemblable à celuy du Capitaine.

L'Enſeigne veſtu d'vne matiere blanche de ſoye tiſſue en ouurage & paſſement d'argent, les chauſſes pliſſées, auec le bas attaché de ſoye blanche, donnoient vn grand luſtre à ſon aſſeurance, fut au marcher, fut à mouuoir le Drapeau, lequel il faiſoit voltiger, tourner, retourner, & razer entre deux airs, auec vne façon tant aggreable, que venant puis apres deuant la Royne, elle prit plaiſir à les reuoir deux fois.

Tous les petits Soldats eſtoient pareillement veſtus de Soye, Satin, Taffetas, ou telle autre matiere, la pluſpart rayee d'argent, le ſoulier blanc, les attaches blanches, le bonnet de veloux noir à courdon d'argent, & la Iaueline ſemblable à celles des Chefs, ſinon qu'elles eſtoient argentées : Ils auoient vn Fifre, & trois Tambours, dont les Caiſſes eſtoient argentées, & ces Fifres & Tambours veſtus de meſme aux Soldats, & d'aage, & de taille ſemblable aux plus petits.

D iij

Et d'autant qu'en tout ce qui fut inuenté, faict & dreffé pour honorer l'entrée, cefte Compagnie fe trouua des mieux ordonnée; que le Roy, que la Royne, & que tous les grands de la fuitte, voire generalement tous les Eftrangers y prirent plaifir : Mefmes que les Peres & Meres receuront contentement d'y auoir côtribué quelque piece, & de fçauoir que leur pofterité l'aura pour tefmoignage, que la reioüyffance eftoit vniuerfellement dilatée iufques aux enfans, dont tel augmentoit le nombre qui n'auoit qu'acheué fes fix ans, & neantmoins auoit autant d'affeurance & d'efgard à fon ordre que le plus aagé : Affin auffi que chacune de ces petites Creatures venant en aage recognoiffe qu'en fes ieunes ans il a prefté parolles d'vn accroiffement de fidelité, dont les Parens luy auront donné la femence pour nourriture. Il ne fera pas hors de propos de les enregiftrer vn à vn, felon leur rang, & non felon leur merite ou qualité, cefte confideration obmife exprés pour euiter la ialoufie, voicy doncques la Lifte.

DENOMINATION DES IEVNES FANTASSINS DE LA VILLE, QVI MARCHE-RENT SOVS LEVR PROPRE DRAPEAV AV DEVANT
de leurs Maieftez, reprefentez en leur équipage en la Table de la reception de la Royne.

Le Capitaine.	Iofeph de Cuury.
NICOLAS MAGVIN.	Iean de S. Iure.
Le Lieutenant.	
FRANÇOIS PRAILLON.	I I.
	Iean Laurent.
Premier Rang.	Nicolas Foüin.
François Fabert.	Ieremie Michel.
Daniël de Mouron Xonuille.	Claude Mercier.
Iean de Vigneulle.	Dauid Friart.

Samuël

A METZ.

III.
Samuël Maillette.
Gilles Roland.
Pierre le Vert.
Pierre Ferry.
Pierre Blaise.

En cest entre-deux estoiët les Tambours & Fiffres, enfans faisant fort bien leurs charges.

IIII.
Iean de Vigneulle.
Iean Brigory.
Dauid Ancillon.
Iean Potet.
Paul de Marsal.

V.
Philippes de Vigneulle.
Abraham Droüyn.
Samuël Gueury.
Daniel Michelet.

VI.
Louys l'Allemand.
Simon le Vert.
Iean Iacobé.
Iean Thimotet.

Ceux qui suiuent marchoient deuant l'Enseigne.

VII.
Charles Sartorius.
Ieremie le Goullon.
Paul de Montigny.
Hans Peter.

AVGVSTE LE GOVLLON, *fils du sieur le Goullon Greffier, ayāt l'Enseigne de Taffetas blanc, parsemée de fleurs de Lys d'or.*

Autres Tambours, & Fiffres.

VIII.
Ceux-cy marchoiët apres l'Enseigne.
Charles le Goullon.
Charles Goffin.
Charles de S. Iure.
Ioseph Busselot.

IX.
Philippes Alexandre.
Pierre le Noir.
Nicolas Orry.
Iean Magdelaine.

X.
Dauid Aubry.
Gedeon du Chat.
Iean Martelet.
Gedeon Sidrach.

XI.
Pierre Ioly.
Paul Maistre d'hostel.
Paul Bachelé.
Nicolas Hanssien.

XII.
Abraham Fleutot.
Iacques Braconnier.
Ieremie Sauigny.
Samuël Bannée.

XIII.
François Colter.
Abraham du Chat.
Iean Alexandre.
Ioseph l'Archer.

XIIII.
Paul Gerard.
Iean Malclairé.
Iacques Vriot.
Abraham Boulenger.

XV.
Iean de Bize.
Paul Basle.
Iean Basle.
Claude Gueury.
XVI.
Paul du Neufchastel.
Pierre le Goullon.
Pierre Godelin.
Iean Floze.
XVII.
Claude Serriere.
Dauid Cardinal.
Charles Quin.
Pierre Nolibois.
XVIII.
Paul le Goullon.
Isaac Guerio.
Paul Collon.
Israël Gaillart.
XIX.
Ioseph Roc.
Nicolas Biarnois.
Daniel Iacobé.
Daniel de Vigneulle.

XX.
Iean Iassois.
Ieremie Vert.
Paul Didelot.
Iean Maguin.
XXI.
Iacob Toussaint.
Ieremie de Vigneulle.
Daniel Quartier.
Iean Oliue.
XXII.
Pierre Grand-Iambe.
Paul Serrier.
Iean Vennel.
Ieremie Pilon.
Iacques Fabert.
XXIII.
Iean Platin.
Claude Capsé.
Iean Barbesan.
Paul Ferry.
Abraham Fabert.

Dieudonné Riuet, *Sergent de ladite Compagnie.*

Ces petits Fantassins faisant ferme à l'abbord du Roy, le Capitaine baissant le fer de sa Iaueline, en signe de submission, & haussant sa voix parla au Roy sans hesiter, comme s'ensuit ;

S IRE,
Affin qu'il ne reste rien à nos Peres qui ne soit presenté, ie vous offre icy selon le commandement que i'en ay le plus precieux de leurs meubles : ce sont leurs chers enfans, lesquels auec le laict ont succé ceste resolution de n'aspirer ailleurs, ny n'esperer autre honneur que de bien & dignement seruir vostre Maiesté, & Monseigneur le Daulphin, & par deuoir meriter vos bonnes graces, & les siennes : de petites gens que nous
sommes,

sommes ne peuuent estre attendues choses grandes. Et neantmoins, SIRE, vos faueurs, & nos affections, preuaudront sur nostre foiblesse, & feront que vous mesurerez nos actions à la grandeur du desir que nous auons de bien faire, lequel est infiny, comme vos Royales vertus sont infinies.

Le Roy ne teut point que la Harangue, le Personnage & le Peuple presenté luy estoient beaucoup aggreables : Il le verifia assez par le langage qu'il en tint aux Assistans, & par sa responce, qui fut telle,

Mes Enfans, vos Peres sont gens de bien, comme tels ie les ayme, imitez-les à bien faire ; Ie vous donneray mon fils qui vous aymera, puis que c'est en son nom que vous estes associés.

L'escadron r'accourcy d'aage & de taille se destourne auec bône grace de la voye du Roy, & marcha tenant le costé dextre de sa Maiesté iusques au carefour de Fournelruë, & de là sans rompre ny ordre, ny rang, reprit le chemin pour aller au deuāt de la Royne. Il seroit faict tort à ceste petite Compagnie d'obmettre que le Duc d'Espernon l'ayant voulu voir pour corriger le deffaut s'il s'y en trouuoit, comme il est capable de toutes bonnes actions, & qu'il estimoit y aller du sien que tout allast bien, au moins en tant que l'estat present de la Ville & le temps le pouuoient permettre. Le Capitaine la luy presenta par ceste harangue,

Monseigneur,

Tout ce petit Peuple que vous voyez, & que les Peres esleuent en l'amour, respect, obeyssance & fidelité qu'ils ont enuers le Roy, n'est point empesché par la foiblesse de son aage de recognoistre que vous representez en ce lieu la personne de sa Maiesté en pouuoir, en autorité & en grandeur d'affection enuers le Pays : C'est pourquoy il vient par moy vous supplier tres-humblement, MONSEIGNEVR, vouloir auoir mesme soing d'eux que vous auez de leurs chers Parens, & vous persuader que de ce nombre il s'en pourra former à l'aduenir quelque bel esprit aux lettres, ou quelque si grand cœur aux armes, que par dignes & signalez seruices qu'ils rendront vn iour au Roy, à Monseigneur le Daulphin, à vous mesmes, MONSEIGNEVR, & au Publicque, ils acquitteront en quelque sorte l'obligation que toute la Compagnie vous aura si vous tesmoingnez auoir aggreable l'offre que ie vous en fay, daignant m'asseurer que vous nous ferez ceste faueur de nous presenter à sa Maiesté.

La responce fut, Qu'il les aimoit tous puis qu'ils faisoient si bien, & les aymeroit dauantage s'ils faisoient encores mieux deuant sa Maiesté, à laquelle il promit de les presenter.

VOYAGE DV ROY

Le Roy cependant arriué au Carefour ſuſdict s'y arreſta vn petit pour y conſiderer la ſtructure du Theatre à trois faces qu'il y vid eſleué, c'eſtoit vn Tier-point d'architecture ſur l'aboutiſſement & rencontre de trois ruës, l'œuure en eſtoit fort bien acheué de Piedeſtat, de Pilaſtres, Chapiteaux, Architraues, Frizes, & Corniches Corinthes, appropriez ſelon le lieu, qui par ſa diſpoſition triangulaire auoit donné ſuject à la forme de ceſte piece, à chacun des angles y auoit trois grands Pilaſtres canelez & iaſpez, les feuillages des Chapiteaux bien dorez, & les rouleaux azurés: En chacune des faces y auoit conſeruee dans la Frize vne Table d'attente, celle qui regardoit la place de Change auoit ceſte inſcription, que le Roy prit la peine de lire, commandant ſon Daiz luy eſtre vn petit hauſſé pour n'en eſtre empeſché.

> *SIRE, tout l'vniuers pour le bien de vous voir*
> *Deſireroit de Metz n'eſtre qu'vne parcelle ;*
> *Et Metz, qui treſſaillit d'aiſe de vous auoir,*
> *Voudroit eſtre pour vous la terre vniuerſelle.*

A l'autre qui void Fournelruë eſtoient ces vers grauez,

> *ROY, le plus grand des Roys, le premier des humains*
> *Qui reſignent par vœus leur Empire en vos mains,*
> *Receuez de ce Peuple & le cœur & le Zele :*
> *Mais, iointte à leur amour, vous deſirez la foy,*
> *Le Meſſin ſans la foy n'eſt pas Meſſin, Grand Roy,*
> *Et ne peut vous aymant qu'il ne vous ſoit fidelle.*

A la troiſieſme Table du coſté de Portſaillis eſtoit eſcrit,

OPTATISSIMO, FOELICISSIMO, OPTIMI PRINCIPIS, OB REMPVBL. RESTITVENDAM ADVENTVI S.

Vne infinité de beaux fruictages de cire imitez ſur le naturel, auec les brins & les feuilles formoient grand nombre de Feſtons, pendans de ces Tables, qui les enrichiſſoient merueilleuſement. La coiffe de ceſte piece entre les trois ordres des Pilaſtres eſtoit vne voute en forme de Dome, ſemé d'eſtoiles d'or ſans nombre, ſur vn ciel d'azur.

Aux

TIER-POINT, PIECE DV BAS DE FOVRNEI.
RVE SVR TROIS ADVENVES.

Aux trois Angles de ceſte piece ſur la Corniche, és endroicts ou les Pilaſtres auoient plus de force, eſtoient poſez trois grans Vas de iaſpes ſur leurs pieds triangulaires, & ces Vas remplis de certaine compoſition aromatique ſuſceptible d'inflamation : Entre ces trois Vaiſſeaux, comprenant la voute cy deſſus, s'eſleuoit vne Triple H, premiere lettre du nom du Roy, ſur vne baze d'architecture enrichie d'ornemens fort bien élabourez : Sur chacune barre de ces H ſe liſoit l'vn de ces Eſcriteaux :

SECVRITAS TEMPORVM.

FOELICITAS SOECVLI.

FORTVNA OBSEQVENS.

Les iambes eſtoient enuironnées de ſerpens qui enlaſſoient des Palmes & des Lauriers, & croiſées de deux ſceptres, & d'vne eſpée, ſimbole de puiſſance & Maieſté Royale : Ces trois H conſtituant vne Colomne, ou pluſtoſt Pilaſtre triangulaire, eſtoient couuertes d'vne gråde Couronne imperiale, indice de ſouueraineté, dont l'arfice eſtoit admirable, & l'ornement induſtrieux, tant pour les pierreries bien imitées, que pour la miſe en œuure : Auſſi toſt que le Roy fut apperçeu approcher de ceſte piece, la matiere allumée en ces trois grands Vas pouſſa dehors vne vapeur flagrante, qui venât à ſe dilater emmuſqua l'air haut & bas d'vne odeur douce & ſouëfue qui ſe humoit à plaiſir par les paſſans.

Les ruës depuis ceſte place de Change en auant iuſques à l'Eueſché ou logea le Roy eſtoient tendues de tapiſſerie, & auoient le paué couuert de ſable en telle proportion que le trop ny le peu ne nuiſit aux Cheuaux. Icy de rechef ſe renforça ceſte acclamation de VIVE LE ROY, qui auoit continué depuis le Quartaut, & n'y eut plus d'intermiſſion iuſques à ce que le Roy deſcendit de Cheual deuant la grande Egliſe, à laquelle il s'achemina :

Mais entre la place qui eſt deuant la gråde Egliſe & Fournelruë, il paſſa par deſſous le double Arc triomphal dreſſé à ſon bon heur.

Sur la gallerie ſouſtenue de la voute qui ioignoit l'vne & l'autre des faces de ceſt Arc y auoit nombre de Trompettes & Clairons,

dont

A Metz.

49

DOVBLE ARC TRIOMPHAL SVR LE
HAVT DE FOVRNEL-RVE.

dont les sons entre-meslez auec les voix exhaulsées du Peuple, faisoient vn concert d'harmonie qui touchoit viuement les cœurs : En la Table d'attente sur la couuexité de l'Arcade que le Roy vid la premiere, estoit escrit.

Rex pie, cui regnum mortalia vota dedêre,
Grata tibi fiant nostra, probetur amor :
Iuncta fides studijs petis ; tibi fida manebit
Quæ pereunte fide desinit esse Metis.

En la Table de la face qui regarde la grande Eglise, ces vers se trouuoient grauez,

Mirata est olim geminos Ausonia Soles,
Suspice clara hodiè sydera bina Metis :
Sol est Henricus, Regina Diana, serenum
Quæ cœlum spondent & tibi dulce solum.
Horum gaudebis dùm fœlix luce corrusca,
Eclypsis fuerit nulla timenda tibi.

L'ordre de l'Architecture, & les enrichissemens y estoient obseruez comme aux autres pieces, tout y reluisoit de dorure, de Porphire, de Marbre, & de Iaspe : & la veuë la representa toute telle au Roy que la taille douce la produit icy à noz yeux.

Le Roy ayant mis pied à terre deuant le Portal de la grande Eglise, il y fut receu par messire Anthoine Fournier Primcier de laditte Eglise, auec les vestemens & ceremonies accoustumées en tel cas. Le compliment acheué, sa Majesté leua les yeux pour voir la beauté de l'edifice aduoué l'vn des mieux acheué de l'Europe : mais ils furent retenus par l'object qui se presenta, c'estoit vn Portal postice en forme d'Arc triomphal, accomodé pour les deux entrées seruant à ladite Eglise : Sur la Corniche au dessous du coronnement y auoit vn Quadre entre deux Pilastres soustenant vn platfond, sur lequel pour amortissement estoit vne Statue representãt Charlemagne, souche de laquelle la tres-illustre maison de Bourbon desduit sa genealogie : Dans le Quadre estoient ces vers escrits,

Tu, qui

ARC GEMEAV TRIOMPHAL AV DEVANT
DE LA GRANDE EGLISE.

Tu, qui potente dextera binum geris
Henrice sceptrum Regibus ductum ex Auis,
Cernis decora mole conditam domum
Stephano sacratam, cuius effusus cruor
Signauit olim Christianorum fidem:
Ego Imperator Carolus ab imo hanc solo
Sublime feci tollere in Cœlum caput,
Ipsam Nepotes censibus adauctam, nouis
Arisque structis, splendidam regali ope
Sunt prosecuti, vita dum incolumis fuit.
Tu, cuius orbi regum lucet iubar,
Hæres auitæ gloriæ, ad tuum puta
Seruare iura quæ Patrum sanxit fauor.
Sic cœpta duces ad secundos exitus.

Au dessous du Quadre dans vne Table contenue en la premiere Frize, ces deux vers pouuoient estre leus.

La Iustice reluict, le Soleil de la France
Luy redonne son tour pour nostre deliurance.

Dans trois Niches nourries ez trois piles, seruant de support aux Arcades, estoient trois statues representant ces vertus Chrestiénes, Foy, Esperance, & Charite, tout le demeurant de ceste piece estoit fort elaborée, & releuée d'vne multitude d'embellissement de petits populos, de feuillages & de moresques, & d'autres inuentions representées en la figure cy deuant.

Ayant le tout consideré sa Majesté entra en l'Eglise, de laquelle elle admira l'Architecture en toutes ses parties, & n'y trouua rien à dire pour le rendre parfaict : sur tout la hauteur des voultes le tient en suspent, aussi est-ce vn chef d'œuure fort esgayé, admirable en la liaison de ses pieces toutes proportionnées à la superbité de l'edifice, qui eussent plus long temps entretenu le discours de sa Majesté, si sa deuotion ne l'eut porté vers le chœur : Au front duquel de costé & d'autre du Perron qui releue le Throsne (qu'autrement on appelle Iubé) estoient deux Tableaux de la main d'vn excellent Maistre, l'vn de la Paix, l'autre de la Iustice. Au dessus desquels

DEVX TABLEAVX RAPPORTEZ EN LEVR
LIEV DEVANT LE CHOEVR DE LA GRANDE EGLISE.

quels dans vne grande Table comprenant les deux, estoient escrits ces vers,

Templum lætus adi, quod auorum prisca tuorum
Construxit pietas excoluitque manus,
Carlus vbi caluus fœlici sydere quondam,
Suscepit regni Regia sceptra sui :
Hic Atauos, Pro-auosque tuos imitare, precando
Vt nunquam iratos experiare Deos.
Et DVO *qui fœlix Diademata* PROTEGIS VNVS,
Protege sic Clerum, protege sic Populum.

Plus bas à l'endroict du Tableau de la Paix, pouuoient ces vers estre leus,

Ne deinceps genitam vates pacem ab Ioue dicam,
Henrico est magis hæc generata patre :
Vel si illi pacem dicant donum esse Deorum,
Henrice in terris tu Deus alter eris.

De l'autre costé sur le Tableau de la Iustice, & à fleur de ces vers estoient ces autres escrits,

Iustitia in terris errans, viduata marito,
Vni quærebat nubere Diua viro :
Henricum inuenit Regem quis dignior illa?
Huic etiam voluit nubere non alijs.

Sa Majesté recognut en ce lieu que tout respondoit à la grandeur & perfection du bastiment, rien n'y est ny petit ny defectueux, il ne se peut voir ailleurs Tapisseries plus belles, ny plus artistement tissuës, l'art y surpasse la richesse de la matiere, car elles sont à deux endroicts : En fin le chant de loüange venant tout a coup à toucher l'oreille & le cœur de sa Majesté, Elle prosternée entendit deuotement le TE DEVM releué de Musique de voix, & d'instrumens, auec tant d'harmonie soustenue par les Orgues, que les esprits en

A METZ.

prits en font rauis: De l'Eglife il eft conduict à l'Euefché qui luy eft contigue, Le logis luy aggrée & pour l'affiette, & pour la difpofition.

Ce pendant la Royne venuë à la porte de la Ville, eft receuë auec demonftration de toute pareille affection, & par mefmes fignes de refiouyffance qui auoient peu auparauant folemnifé l'entrée du Roy: Fut au deffus de fa Littiere ouuerte fouftenu vn Daix de toile d'argent, non moindre en fes enrichiffemens que celuy du Roy: Il eftoit porté par les Sieurs

IEAN BERTRAN DE S. IVRE.
NICOLAS LVCQVIN.
IEAN DV BOIS, &
PAVL GOFFIN.

Tous quatre perfonnes de qualité ayant longuement exercé la iudicature, & tres-bien verfez ez charges publicques ou ils ont efté diuerfement appellés, mefme les deux premiers ayant efté honorés du Maiftre Efcheuinat: Et cóme Elle approcha de la place dite Champ à Saille, la Compagnie des enfans luy rendit pareil deuoir qu'au Roy, Elle prit plaifir en la cófideration de cefte ieuneffe, & voulut que le Capitaine les repaffat vne autrefois par deuãt Elle: Monfieur de Vandofme qui eftoit auec la Royne ne retira iamais fes yeux de deffus cefte petite trouppe, le rapport de l'aage la luy rendant plus aggreable que tout ce qu'il auoit encores veu en la Ville.

Ainfi fut la Royne conduitte à l'Eglife Cathedrale, & de là à l'Euefché: Elle voulut bien que tout le monde cognut à fa face defcouuerte qu'elle eftoit toute contente du deuoir des Habitans, & que dans le plaifir prefent Elle noyoit tout le fouuenir des peines & du trauail foufferts en l'afpreté du voyage.

Tous les Princes & grands Seigneurs venans auec le Roy, furent logez fort commodement: Et combié que la Cour fut enflée pour le grand nombre de personnes qu'elle auoit à sa suitte, & qu'il y eut multitude d'estrangers venus pour voir leurs Majestez, il ne fut faict au logement aucun desordre, la grandeur de la Ville, & l'amplitude des maisons fournissant abondamment de logis à tous.

En la Table suiuante se void le portraict
de la Compagnie des enfans.

COMPA-

COMPAGNIE DES ENFANS RECE-
VANT LA ROYNE.

Le lendemain le Roy tint chambre, en laquelle sur les trois heures apres midy furent introduits auec le Maistre Escheuin aucuns de la Iustice, & des trois Ordres: Lesquels pour ioindre au tesmoignage de parolles quelque effect pour petit qu'il fut, qui ratifiat le contentement que la presence de sa Majesté leur suggeroit. Luy firent present au nom de tous les Habitans, d'vn grand Vas d'Orfeburie bien cizelé, dans lequel y auoit de toutes les sortes d'especes de monnoye d'Or & d'Argent qui se fabriquent en la Ville, sous l'authorité du Magistrat, representé cy dessous apres le portraict du Vas. Le Roy receut le present auec fort bon visage, recognut toutes les especes, s'enquit de leur valeur rapportees à celles de France: Puis ayant sceu qu'ils desiroient voir la Royne pour luy rendre mesme tesmoignage la fit aduertir.

VAS,

A METZ.

VAS, PRESENT FAIT AV ROY AVEC
LES ESPECES CY APRES REPRESENTEES.

Sur l'vn des costez de la pluspart des Especes des monnoyes empraintes en la page suiuante, se void la figure de sainct Estienne premier Martyre, à l'honneur duquel est dedié & consacré ce grand, sumptueux, & celebre edifice de l'Eglise Cathedrale: Et sur l'autre est representé l'escusson des armes de la Ville, my-parti de blanc & de noir, Symbole de candeur & loyauté. En quelques vns est graué le caractere de la Croix enuironnée d'estoilles, marque ancienne de pieté: L'Aigle à deux testes est demeuré pour souuenance que l'Empire à eu recours à la protection des Roys de France.

ESPECES

A METZ.

ESPECES D'OR ET D'ARGENT, CON-
TENVES AV VAS DV PRESENT DV ROY.

Introduict qu'eſt le Maiſtre Eſcheuin & ſa trouppe dans la chābre de la Royne qui les receut, & leur fit treſ-gracieux accueïl: Ils deſployerent par leurs Officiers vn Char triomphal d'Orfeburie excellenment elabouré. A l'endroict du ſiege eſtoit vn Cupidon qui tenoit ſon Arc bandé preſt à decocher, au deuant de luy s'eſleuoit vne Pyramide, dōt la baze cachoit vn reſſort à pluſieurs rouës, duquel le premier effect regloit vne monſtre d'Orloge à deux faces & ſa ſonnerie: puis animoient deux Dains qui tiroient le Char & le faiſoient mouuoir, & s'aduancer prez de vingt pieds de long, & finalement donnoit auſſi mouuement à l'Archerot, lequel ne manqua de tirer ſon coup au poinct qui luy eſtoit limité. La Royne & ſes Dames en loüerent l'inuention & la nouueauté.

La Pyramide repreſentoit la Monarchie, domination entre toutes la plus ſolide & raiſonnable: Et en la baſe de ceſte Monarchie noſtre Roy le reſort de tout ſon Eſtat, duquel toutes les actions ont leur tēps & meſure ſignifié par l'Orloge: L'Amour qui tenoit le gouuernal du Char, figuroit ſon affection enuers ſes Subiects, laquelle ne ſe meut lentement, mais eſt portée par la courſe iſnelle des Dains de ſa volonté, ou l'vtilité & le ſoulagemēt de ſes Peuples, l'appellent, foulant par meſpris à ſes pieds les murmures ſottes & eſtourdies de ceux qui font du bruict ſans raiſon, ce qui eſt repreſenté par ce Hanneton, & le traict deſcoché marque que ceſte affection n'eſt iamais ſans effect.

CHAR

A METZ.

CHAR TRIOMPHAL, EMPLOYÉ POVR
PRESENT A LA ROYNE.

Le dixseptiesme du moys les Gens des trois Estats reproduisent leurs plaintes, & les reuestent de tout ce qui se trouue de praingnant pour les verifier. Le Roy ayant recognu estre du tout impossible de les ramener à la premiere bonne intelligence qu'ils auoient eu auec les Sieurs de Sobole, desquels il les trouuoit totalement desbandez, iugea estre expedient pour le bien de son seruice de les separer: Et deslors faict signifier au sieur de Sobole par le sieur de Vitry, que sa volonté estoit de reprendre de luy la garde de la Citadelle, & par ce moyen faire separation d'entre luy & les Habitans, le fait exhorter de s'y conformer, & s'asseurer que sa Majesté sçauroit bien prēdre l'occasion de le loger ailleurs ou il auroit autant de moyen de le bien seruir qu'en ce lieu, qui luy deuoit estre desagreable, puis que le Peuple ne le pouuoit plus gouster. Il n'apparut point au langage ny repartie du sieur de Sobole que ce mouuement ne fut en sa puissance, soit que la modestie ou que quelque forte passion lui retint la parole; sa seule côtenance, autrement immobile, dôna quelque marque qu'il estoit sensible: ces mots lui furent en fin pour responce, I'obeiray au Roy comme i'ay tousiours faict, & en quel endroict que sa Majesté me voudra reduire ie la seruiray comme ie dois; ceste place est sienne, ie n'y pretens autre pouuoir que de la luy rendre, ou à tel qu'elle voudra nommer: tout mō regret est qu'il est donné, non à tous les Habitans, mais à peu d'entre eux qui les font mouuoir, & qui sont mes ennemis, trop de suiect de s'esleuer & hausser leur gloire. La Dame de Sobole plus impatiente lascha la bride aux plaintes & reproches, mais les paroles sont permises aux femmes: Elle desploya la force de son eloquence en l'inuention de termes & de mots nouueaux pour satisfaire à sa passion, elle establit lors ceste difference entre honneur & reputation qu'il ne faut suruiure à la premiere, mais est necessaire de prolonger sa vie pour releuer l'autre, d'autant que celle là est de la vertu & des mœurs, & celle cy des charges & dignitez qui sont en la puissance du Prince.

Le Capitaine Sobole, estonné comme d'vn coup de fouldre, perdit la raison & le iugement, & fondant en larmes y noya ce qui luy restoit de cœur, voyant en ce mouuement la ruyne de sa fortune.

Quoy qu'il en foit, le fieur de Sobole l'aifné eut cefte confolation, qu'il entendit du Roy que la feule confideration de l'incompatibilité d'entre luy & les Habitans l'auoit reduict à en ordonner la feparation, & non les plaintes produites contre luy, lefquelles fa Maiefté tenoit pour marques que les efprits eftoient irreconciliables.

Le mefme iour dixfeptiefme arriua monfieur le Duc de Lorraine, auec luy Madame Sœur du Roy, les Ducs de Bar, & de Vaudemont: Le Roy en chaffant leur fut à la rencontre.

Deux iours apres vient le Duc des deux Ponts, & auec luy la Duchefle fa femme, & deux de leurs fils, ieunes Princes, dont l'aifné eftoit promis à madamoyfelle Catherine de l'illuftre maifon de Rohan.

Le vingtiefme, entre onze & douze heures du foir fut reprefenté en la grande Cour de l'Euefché vn combat nocturne dans l'element du feu, de l'inuention du fieur A. Fabert Commiffaire ordinaire de l'Artillerie: Le Roy, la Royne, & la plus part des Princes & Seigneurs eftans aux feneftres, partit du haut de la tour de l'horloge vne fufée qui donna fur les creneaux du Palais, du cofté qui faict face à laditte Cour, & fur l'angle plus voifin de cefte tour, ou de l'vn à l'autre les artifices qui y eftoient appliquez, diuerfifiez en Cercles, en Rouës, en Dragons, & Fufées d'incroyable groffeur, dont le bruict, l'efclat, le fracas, & les coups donnoient à penfer que cefte maffe de baftiment ruynoit: De chacune des plus groffes fufées, excedát le tronçon d'vne forte lance, lorsque paruenues au periode de leur montée elles venoient à s'ouurir, en fortoient au deffus de cinquante autres qui fembloient percer l'air iufques aux aftres, ou ayant efclatté elles r'enuoyoient en bas vne infinité d'eftoilles brillantes ny plus ny moins que celle de Venus quand elle à le nom de Porte-lumiere.

Au mefme inftant que ce bruit commença en fut faict vn autre du battement de quatre caiffes qui precedoient fix Combatans entrans en la Cour par la porte oppofée à la veuë du Roy, ils eftoiét conduits par deux hommes habillez en Sauuages, l'vn defquels comme il fut vn petit aduancé prit la feneftre, il n'eftoit veu que au rabat de la clarté prouenant d'enhaut des artifices allumez, & ce

COMBAT NOCTVRNE, ET AVTRES ARTIFICES DE FEV, EXECVTEZ
DEVANT LEVRS MAIESTEZ, PAR LE SIEVR ABRAHAM FABERT.

peu de iour sombre aydoit à l'intention de l'Auteur : A sa premiere desmarche estendant la main, il en ietta vn globe de feu lequel s'ouurant entre deux airs au dessous des fenestres ou leurs Majestez estoient, enuoya deçà, & delà, haut, & bas, deux mille petits couleureaux vomissant le feu en telle abondance que toute la Cour en fut remplie, & qui venant à se consommer firent vne scopeterie comme de deux mille harquebuziers, dont le dernier coup fut à peine oy que l'autre Sauuage estendit sa main à dextre de la Cour, & executa aussi heureusement que le premier. Et pendant la continuation du bruict de ces petards, les six Champions entamerent leur combat, my-partis trois contre trois. Il seroit impossible de bien representer ceste action, pource qu'en mesme temps qu'ils faisoient roüer leurs Masses toutes de feu, cent mille coups comme de mousquets sortant de leurs armes ou offenciues, ou deffenciues les rendoient formidables & à eux mesmes & aux regardans. De leurs habillemens de Teste, des escailles de leurs Corselets & Tassettes, des muffles de leurs Brodequins, & d'autres infinis endroits de leurs corps iaillissoient des fusées en forme de petits serpens, qui sans intermission, & en nombre sans nombre alloient piroüettant par tous les endroits de la Cour, presque abandonnée de tout le monde, pour la vaine apprehension du danger: Mais la veuë de tant de feu roüant & sifflant en l'air, haut & bas, frisant les murailles, & rasant le paué, sans qu'vn seul coing en demeurast exempt, faisoit que chacun en fuyoit le peril.

Les Masses ou rompues, ou consommées, les six Combatans recommençent l'estour auec Hallebardes d'artifice, qui fit plus de bruict, d'esclat, d'esclair, & de tonnere que le premier.

Le conflit termina par vne fin fort conuenable au sujec̄t, car en vn moment sans vn seul interual, le feu d'enhaut & celuy d'embas estaint, la rumeur cessa, les Combatans disparurent, & l'obscurité osta le moyen de iuger qu'ils deuindrent, laissant les Assistans saisis d'attente, & de contentement, ensemble de liberté de discourir sur ceste feinte, que le Roy approuua, & le lendemain asseura encores qu'il y auoit pris plaisir.

Le vendredy

à Metz.

Le vendredy 21. de Mars, les Sieurs de Sobole freres, ayans pris congé du Roy se mettent au chemin de leur retraicte, reduits à quitter le Gouuernement quatorze ans apres que l'accident du sieur de Moncassin y eut donné commandement à l'aisné. La Dame de Sobole ne voulut passer par la Ville, abandonnant le lieu ou elle auoit faict estat d'asseurer le fondement de sa fortune. Leur train, suitte, & bagage fut d'enuiron dixhuict ou vingt Cheuaux, & prés de quarante Chars chargez, au grand mescontentement de leurs Creanciers, à qui le Roy pour bonnes considerations imposa silence pour quelque temps, par quelque reglement qu'il y fit.

Ainsi fut faicte la separation des Sieurs de Sobole & des Habitans de la Ville de Metz, seul moyen choisi entre plusieurs pour remettre en bon estat les affaires du Pays, asseurer les places pour le seruice de sa Majesté, & y faire viure le Peuple en paix, & en plain repos.

Les discours sont assez cognus de ceux qui croyent que les Sieurs de Sobole deuoient & pouuoient mieux choisir, ou plus honorablement faire entre deux extremitez : Mais c'est la verité que le conseil dont vsa le sieur de Sobole, se conformant à l'intention du Roy, eut pour induction la raison & la prudence, qui le firent resoudre au bon parti, ou se iettant au contraire par vn traict de desesperé, sa ruyne luy estoit ineuitable, & iamais ne pouuoit esperer de ressource.

Le 22. du moys le Duc de Lorraine prit congé du Roy, & s'en retourna chez soy auec messieurs ses Enfans : comme fit aussi le Duc des deux Ponts & les siens dés le mecredy suiuant.

Le vendredy le Roy & la Royne font les ceremonies du lauement des pieds des Apostres, & l'Archeuesque d'Aix fit vn sermon en la Salle de l'Euesché, l'aprés-disné partit aussi Madame sœur de sa Maiesté.

Le Dimanche penultiesme du mois iour de Pasques, le Roy toucha les malades des escroüelles en grand nombre, tous estrangers, rangez pour cest effect au Cloistre de la grande Eglise.

Le dernier du mois sa Maiesté donna audience à l'Ambassadeur de l'Archeuesque de Cologne, arriué douze iours auparauant, il fit present à la Royne d'vn petit Cabinet d'Ebene, enrichy de personnages, & de morefques d'Orfeuerie, & garny de Tauayoles, Pignoërs, Eftuits, & autres riches menus meubles proportionnez au merite de l'œuure.

Durant tout le feiour que fa Maiefté fut en la Ville de Metz, elle ne perdit ny heure ny temps pour la bien confiderer: Elle en recognut l'affiete, le voifinage, fes aduenues, fes murailles, foffez, rempars, retranchemens, & fortifications; la commodité qui luy prouient de deux belles riuieres, dont l'vne & l'autre fe fourchant auant qu'y entrer enuoyent leurs eaux par le dedans de la Ville, la diuifant en diuers canaux, & par le dehors embraffent toutes les cortines, & empliffent les foffez; les beaux grands Ponts de pierre qui les trauerfent en plufieurs endroits, tant au dedans qu'au dehors: Elle la iugea belle entre toutes celles de fon Royaume, eftima fort la modeftie des Habitans, qu'elle declara vouloir aymer à l'egal de la grandeur de leur affection à la vouloir fidellemét feruir. Elle vifita tous les Monafteres & Abbayes qui y font en grand nombre; fe pleut fort de voir en celle de S. Arnoult l'Epitaphe du Roy Loys le Debonnaire, fils de Charlemagne, qui y eft inhumé; vid volontiers la Bible dudict Charlemagne qui luy fut monftrée en l'Eglife Cathedrale, fur tout elle confidera auec attention le fond Baptifmal qui y eft d'vne feule pierre de Porphire d'admirable grandeur: Elle recognut encores la Citadelle, fes Magazins, fournitures, & munitions de guerre & de bouche, le nombre des pieces, & la quantité de poudre, & de balles, & monftra en eftre fort contente. Auffi eft-il difficile de trouuer vne Place mieux pourueuë & munie de tout ce qui eft neceffaire pour vne longue refiftance: Bref il ne demeura rien à la Ville, petit ou grand, qu'elle ne voulut voir, s'il y en auoit quelque caufe pour petite qu'elle fut, ayant toufiours prés d'elle le Duc d'Efpernon pour guide & interprete des difficultez.

Sa Majefté prenoit bien plaifir de fe pourmener entre deux Ponts hors la Ville, en vne belle eftendue de prairie que la Mozelle, le plus grand des deux Fleuues, enclot entre luy & les foffez de la Ville. A ce propos ne fera importun de reciter ce qui fut remarqué en ce lieu vn matin que fa Majefté s'y pourmenoit auec le Duc d'Efpernon, fort eflongnez de la fuitte, fut veuë de loing venir vne

Cigoigne

A METZ.

Cigoigne, laquelle se guindant entre deux airs passa la Riuiere, & comme elle vint tout prés du Roy, sans s'effaroucher de la multitude des personnes qui estoient espandues çà & là par la plaine, elle fit en volant vn cerne, dans la trace duquel elle comprit sa Majesté seule & nul autre; puis fendant l'air elle prit sa volée vers la Cathedrale: On presuma qu'elle vouloit y rebastir son air, dont la scopeterie de la Citadelle l'auoit autre-fois chassé.

Finalement le Mardy, premier iour du mois d'Apuril, sa Majesté ayant estably Lieutenant en la Citadelle (en l'absence du Duc d'Espernon) le Sieur d'Arquian, premier Capitaine de l'Infanterie Françoise, & Lieutenant Colonel au Regiment de ses Gardes, auec pouuoir de commander en la Ville & pays Messin, iusques à ce que sa Maiesté y eut autrement pourueu, sur l'excuse que le sieur de Montigny aisné dudict Sieur d'Arquian auoit fait d'en prédre la charge: content d'auoir contenté le peuple, apres auoir donné ordre à tout, r'enuoyé les Ambassadeurs estrangers, & depesché vers les Princes & Villes de l'Empire, elle partit de Metz enuiron les huict heures du matin, alla coucher à Nominy, ou elle trouua la Royne arriuée de quelques heures, & le lendemain se rendit à Nancy, puis de là prit le chemin du retour par Toul, Vitry, & Chaalons, & iusques à Paris.

Voila veritablement & le plus brefuement que faire s'est peu le reçit du motif qui fit resoudre le Roy à donner aux Habitans de Metz ce penible voyage, entrepris en effect pour leur bien & soulagement: ensemble la representation des signes de reiouyssance faits pour vn si digne & loüable subiect, lesquels tous (bien que la bonté du Roy les ait releuez de paroles de loüange) ne pouuoient estre correspondans à ses merites, & au desir de ceux de qui ils procedoient: mais la brefueté du temps, & l'estat present des affaires de la Ville, ioints à la franchise & bonne volonté de leurs Auteurs, ont concerté auec le deffaut, & leur à esté l'aduantage adiugé par la debonnaireté de sa Majesté, qui a donné plus de poids à l'intention du Magistrat qu'au labeur; & puis és actions qui ne peuuent iamais estre que bien au dessous du deuoir, c'est assez de faire ce que l'on peut.

Tant y a que le Peuple Messin se recognoit tres-obligé à la Iustice & bonté du Roy: Et conuie tous ses Voisins à recourir à l'a-bry de ses vertus, contre l'impetuosité & violence des oppresseurs, desquels sa Majesté est seuere profligateur. Dieu veüille prolonger ses ans, & verser à tas ses benedictions sur ceux de Monseigneur le Daulphin, les protegeant, auec la Royne, contre la petulance des meschants:affin que sous leur regne les bons viuét en toute seureté, & les meschants n'y puissent auoir aucune part.

FIN.

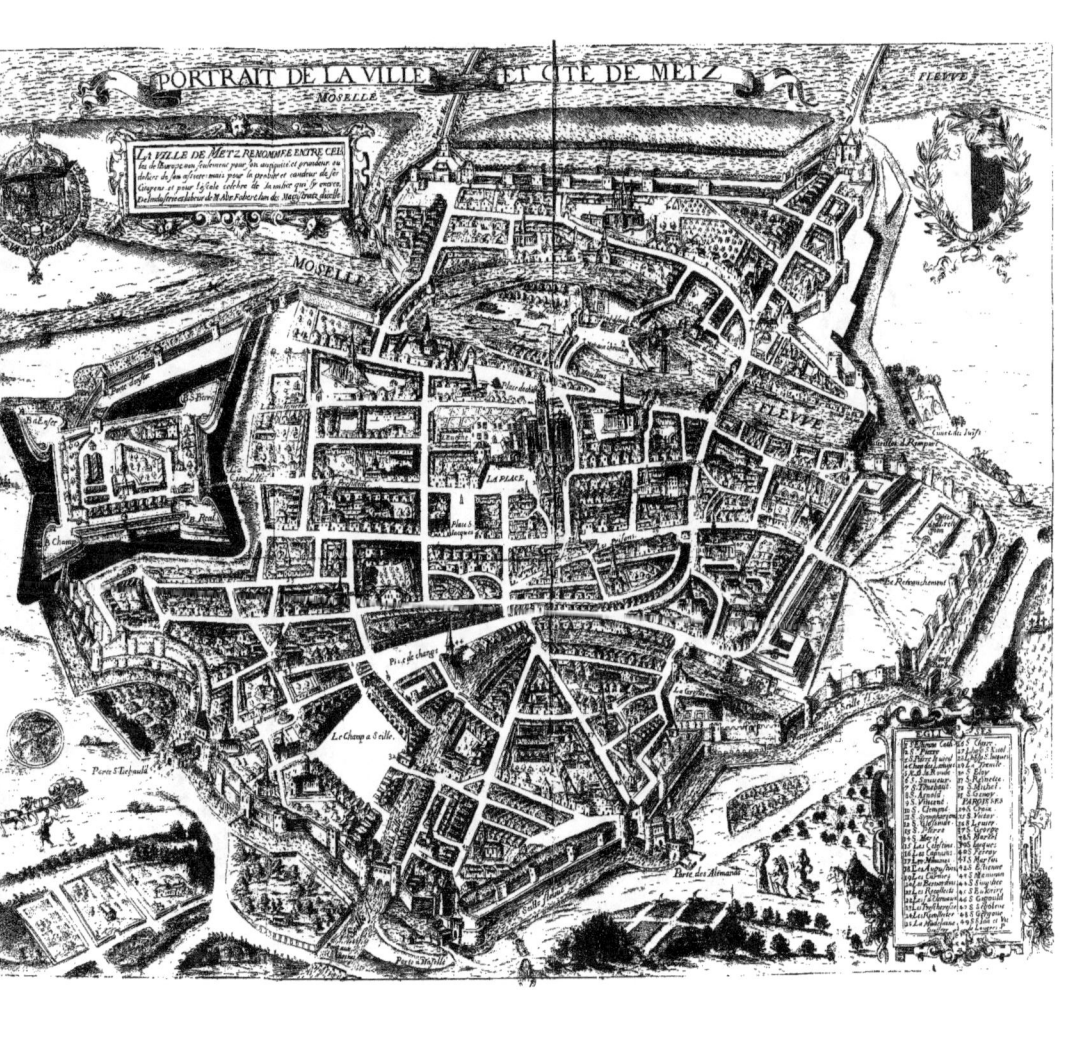

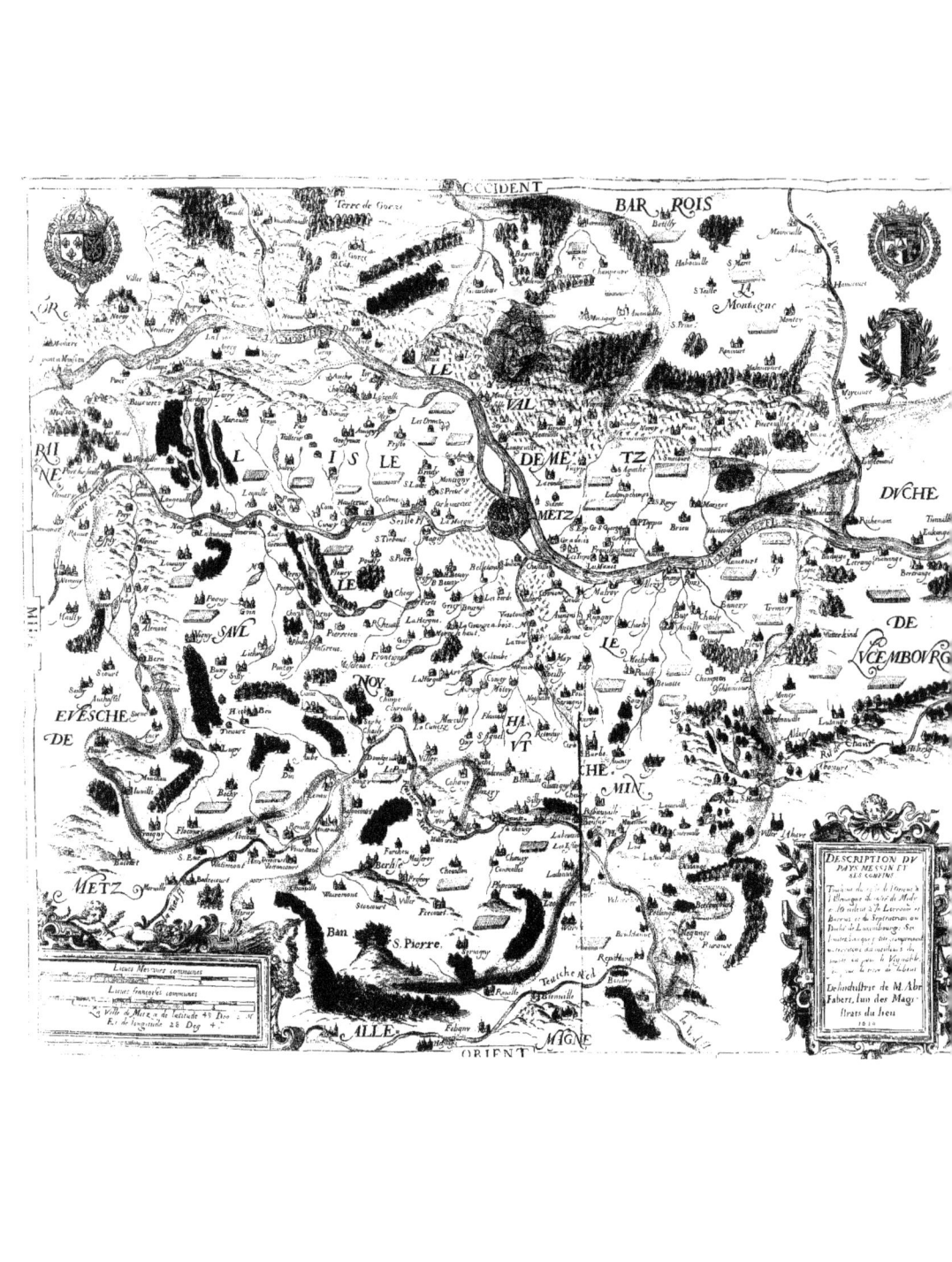

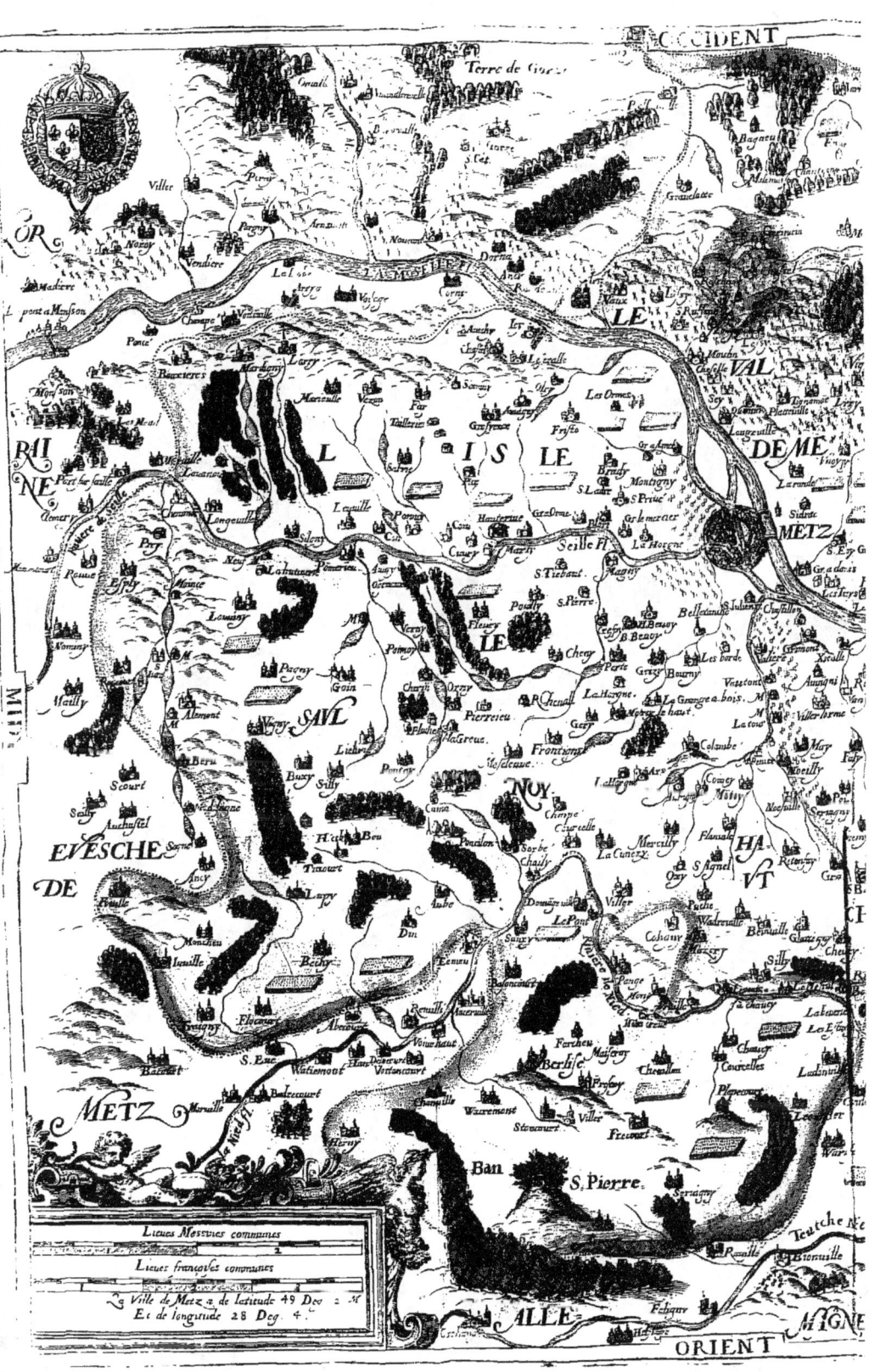

www.ingramcontent.com/pod-product-compliance
Lightning Source LLC
LaVergne TN
LVHW050620090426
835512LV00008B/1574